智能工厂实战

架构 · 技术 · 应用

SMART FACTORY PRACTICE ARCHITECTURE · TECHNOLOGY · APPLICATIONS

骆永标
朱烈锋 著
冯泽烨

化学工业出版社
· 北京 ·

内容简介

《智能工厂实战：架构·技术·应用》系统阐述了智能工厂的核心架构与实践路径。核心内容涵盖智能工厂的顶层规划、业务系统集成（MES/WMS/ERP/PLM）、数字化车间开发、智能物流构建、数字孪生应用及工业互联网平台建设。通过价值流分析、CPS产线建模等技术方法论，结合三一重工、美的等国内“灯塔工厂”典型案例，详细解析了从产品数字化设计、生产全流程监控到设备智能运维的落地策略。本书特色在于强调技术融合与实战导向，不仅剖析了工业互联网分层架构（边缘层/IaaS/PaaS/SaaS）、数字孪生车间关键技术等前沿领域，更针对智能工厂建设的3种模式、6大物流运营要点及规划误区提供具体对策，凸显“技术-业务-管理”三维协同的实践价值。

本书可供工厂规划工程师、智能制造技术研发人员、工业互联网平台开发者阅读，也可以作为高校智能制造相关专业的教材使用。

图书在版编目（CIP）数据

智能工厂实战 ：架构·技术·应用 / 骆永标，朱烈锋，冯泽烨著. -- 北京 ：化学工业出版社，2025. 11.

ISBN 978-7-122-49002-5

Ⅰ. F407.4

中国国家版本馆CIP数据核字第2025L34L41号

责任编辑：雷桐辉
文字编辑：张　琳
责任校对：刘曦阳
装帧设计：王晓宇

出版发行：化学工业出版社
（北京市东城区青年湖南街13号　邮政编码100011）
印　　装：河北鑫兆源印刷有限公司
710mm×1000mm　1/16　印张11½　字数201千字
2026年1月北京第1版第1次印刷

购书咨询：010-64518888　　售后服务：010-64518899
网　　址：http://www.cip.com.cn
凡购买本书，如有缺损质量问题，本社销售中心负责调换。

定　　价：79.80元

前言

PREFACE

纵观人类文明发展史，技术的创新往往会带来产业的变革。近年来，新一代信息通信、新能源、新材料等技术不断突破，全球新一轮科技革命和产业变革正蓄势待发。

智能工厂作为制造业数字化转型的关键，在制造业中的应用越来越广泛。基于物联网、云计算、大数据、人工智能、数字孪生等新兴技术，以及传感器、机器人、自动化生产线、智能仓储与物流系统等先进设备，智能工厂能够对生产流程中的人、机、料、法、环等要素进行实时采集和精准分析，将企业内外部的信息资源进行汇聚与整合，实现研发、采购、生产、销售等各个环节的信息集成与共享，为企业管理提供决策依据，提高决策的准确度和有效性，从而提升企业的管理效率和管理水平。

除生产效率和生产成本方面的改进外，智能工厂的创新能力更强，能够基于产品生产、技术进步等方面的需要进行针对性的改进；智能工厂的生产灵活性更高，可以根据客户的需求进行个性化、定制化的小批量生产；智能工厂对于供应链的管理能力更强，可以实现高效的供应链协同，提高物料和产品的流转效率；智能工厂的安全性更高，不需要依靠人力完成危险性工作，能够有效降低生产过程中的潜在风险；智能工厂具有良好的自我维护能力，能够在数字孪生系统等的帮助下，提前分析生产设备、生产流程等方面的问题，从而进行预测性维护，减少停机时间。

智能工厂的打造以及制造业的数字化转型并非易事，需要政府、企业、科研机构等多方联动。政府一方面应强化政策支持，通过出台相关法律法规、制定统一的行业规范等引领智能工厂建设；另一方面应提供资金保障，通过设立专项资金、提供税收优惠等方式为制造业的数字化转型提供支持。企业作为数字化转型的主体，一方面要加大对关键基础材料、先进生产工艺、核心零部件等的研发力度，积极培育数字化转型资源，通过与产业链中其他企业共享数字资源，提升企业的创新能力和市场竞争力；另一方面也要与科研机构、高校等开展合作，切实解决科技与产业“两张皮”的问题，加快推进产学研用深度融合，提高科技成果转化和产业化水平。

智能工厂作为新一代信息技术与先进制造技术深度融合的产物，其建设与应用已成为推动制造业高质量发展、构筑国际竞争新优势的关键路径。它不仅是对传统生产模式的革新，更是塑造未来制造新范式、培育新质生产力的重要支撑。在全球制造业加速向数字化、网络化、智能化、绿色低碳转型的浪潮中，深入理解和掌握智能工厂的构建逻辑、核心技术与实施路径，对于我国制造业突破瓶颈、迈向价值链中高端具有决定性意义。

本书全面阐述智能工厂的概念特征、体系架构与实践对策，深度剖析智能工厂建设的顶层设计与部署实施，详细梳理ERP、MES、PLM、WMS等业务系统的建设，重点介绍数字化车间规划与产线开发的方法及要点，细致分析智能工厂物流的构建方法与运营管理，并进一步探讨数字孪生、工业互联网在智能工厂领域的应用场景与落地路径。

著者

目录

CONTENTS

第1章 智能工厂赋能智能制造

1.1　智能工厂概述

1.1.1　智能工厂的基本概念

“十四五”规划提出，要深入实施智能制造和绿色制造工程，发展服务型制造新模式，推动制造业高端化、智能化、绿色化发展。随着新一代信息技术与制造业不断深度融合，制造业智能化发展成为我国制造业转型升级的重要方向。

近年来，随着科技的不断发展，全球越来越多的传统型工业制造企业开始加入智能工厂建设的行列，以此来推动工业制造业向数字化、网络化、智能化方向发展，从根本上变革制造业的生产方式和资源组织模式，实现智能制造。目前，在石化、钢铁、机械装备制造、汽车制造、航空航天、飞机制造等行业，智能工厂均得到了高度发展。

（1）智能工厂的概念与优势

根据《智能工厂通用技术要求》的定义：智能工厂是在数字化工厂的基础上，利用物联网技术和监控技术加强信息管理和服务，提高生产过程可控性，减少生产线人工干预，合理计划排程，同时集智能手段和智能系统等新兴技术于一体，构建的高效、节能、绿色、环保、舒适的人性化工厂。

具体来说，与传统的制造企业工厂相比，智能工厂具有几个方面的优势，如图1-1所示。

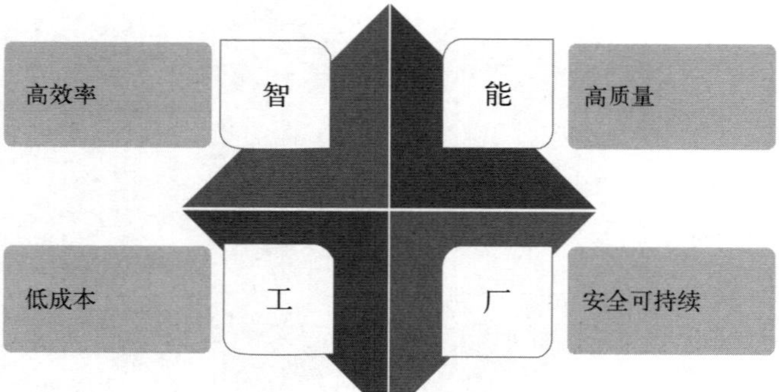

图1-1　智能工厂的优势

① 高效率。基于庞大的数据库，智能工厂可以实现数据挖掘与分析，使工厂具备自主学习能力，并在此基础上完成能源消耗优化、生产决策自动判断

等任务。这使得智能工厂与传统自动化工厂存在明显差异，传统的自动化工厂如果没有人员干预，可能会按固定的设置不停运行；而智能工厂可以根据实际需求，调整机器的作业安排和时间，从而有效提高生产效率。

② 高质量。智能工厂的每个环节都会产生大量数据，通过对相关数据的持续分析，可以发现对应需要纠正、优化的问题。智能工厂特有的自我优化功能，可以更快地预测或检测出生产流程中的缺陷，并识别导致缺陷的人为、机器或环境因素，从而优化生产流程，提高产品质量，降低生产缺陷和问题召回频率。比如，智能工厂内配备的电子看板可以实时显示生产动态，操作人员可现场或远程参与生产过程的修正或指挥。

③ 低成本。智能工厂可以基于生产需要进行生产流程优化，带来更好的成本效益。一方面，生产流程优化可以避免过多的流程设置，降低企业在人员、生产成本等方面的投入；另一方面，科学合理的流程安排，也能够对用户需求、采购需求等进行快速、无延迟响应，从而进一步降低生产成本。

④ 安全可持续。智能工厂的生产流程可以达到较高的自动化与智能化，降低人为错误发生的可能性，尽可能避免人为操作失误和意外伤害事故。比如，物联网技术的应用可实现设备间高效的信息互联，由数字工厂向物联工厂升级，操作人员能获取生产设备、物料、成品间的动态生产数据，满足工厂24小时监测需求。因此，与传统工厂相比，智能工厂具有安全可持续的明显优势。

（2）智能工厂的基本要素

智能工厂的基本要素如图1-2所示。

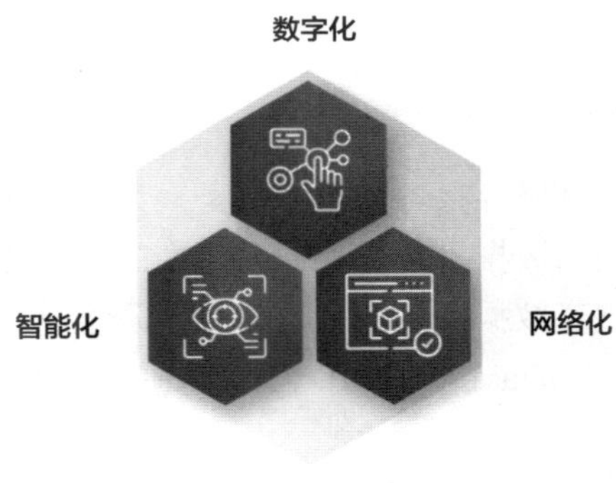

图1-2　智能工厂的基本要素

① 数字化。数字化是智能工厂的基础。对工厂资产建立数字化描述和数字化模型，可以使所有资产都能够在整个生产周期中进行识别、交互、实施、

验证和维护，同时能够实现数字化产品开发和自动测试，以适应工厂内外部环境的不确定性（如部门协调、客户需求、供应链变化等）。

② 网络化。在数字化基础上，需要构建相互连接的计算机网络、数控设备网络、生产物联／物流网络和工厂网络，从而打通所有资产数据在整个生命周期的价值流，连接物理世界与网络世界，实现所有流程与要素的互联互通。

③ 智能化。智能工厂具有感知和存储内外部信息的能力，即整个制造系统可以在各种辅助设备的帮助下，自动监控生产流程，并及时捕捉到产品在整个生命周期中的各种状态信息，基于对信息的分析、计算、比较、判断与联想，实现集感知、执行、控制、决策于一体的闭环式管理。

1.1.2 智能工厂的六大特征

智能工厂主要具备六项明显特征，如图1-3所示。

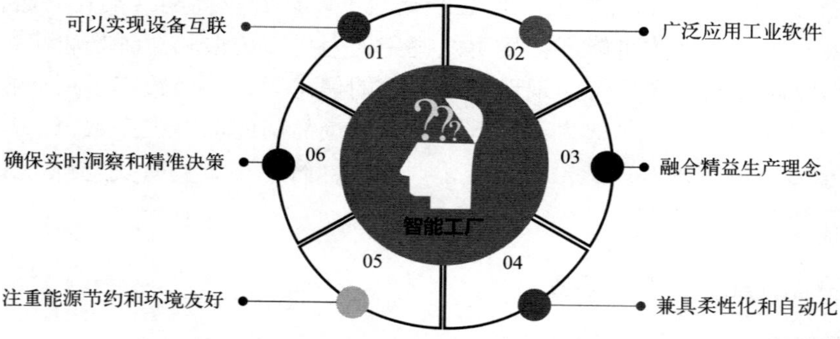

图1-3 智能工厂的6大特征

（1）可以实现设备互联

智能工厂可以通过网络连接各项生产设备，实现设备互联；同时也集成了设备控制系统，可以利用数据采集与监控系统中的传感器设备实时获取各项相关数据信息，如设备状态数据、生产完工信息、质量信息等；还应用了射频识别（radio frequency identification，RFID）和条码等技术，可以实现对产品生产制造的全程追溯。

（2）广泛应用工业软件

智能工厂大多应用了各类工业软件，如制造执行系统（manufacturing execution system，MES）、能源管理、质量管理和高级计划与排程（advanced planning and scheduling，APS）等，能够提高生产过程的可视化程度，保证产品生产公开透明。

在建设智能工厂的过程中，企业可以充分发挥数字化工厂仿真软件的作用，在虚拟空间中完成设备布局、产线布局、物流规划等工作，并借此提高工厂结构的合理性；在推进数字化转型的过程中，企业需要利用区块链软件，保证工厂数据、设备数据以及自动化系统的安全性，防止出现数据泄露、数据篡改等问题；在检测产品的过程中，企业应该使用质量管理软件，自动识别不合格品，避免与合格品混淆，同时也要利用统计过程控制（statistical process control，SPC）软件分析问题成因，避免继续出现同类问题。

（3）融合精益生产理念

智能工厂融合了精益生产理念，通常根据订单生产产品，因此产品库存较少，产品浪费也相对较少。对企业来说，在建设智能工厂时要从自身的产品和工艺特点出发，在研发产品时要充分考虑标准化、模块化和系列化方面的问题，为工厂实现精益生产提供支持。

（4）兼具柔性化和自动化

智能工厂具有柔性化和自动化的特点，可以根据产品和生产特点不断提高各个环节的自动化程度。一般来说，若企业的产品种类相对单一，产品生产量较大，那么可以通过建设智能工厂的方式实现高度自动化；若企业的产品种类十分多样，且生产量较小，则可以采取人机结合的策略，建设智能制造单元，谨慎推进自动化建设工作。

在自动化生产线和装配线方面，企业应设置好一定的冗余，防止因部分关键设备的运行障碍而导致整个线路无法继续运行，同时也要提升换模速度，确保生产线和装配线支持多种产品混线生产；在自动化物流方面，企业可以利用各类自动化、智能化的物流设备来传递物料，如自动导向车（automated guided vehicle，AGV）、桁架式机械手、悬挂式输送链等，并综合运用物料超市，确保各类物料均可配送到生产线或装配线上；在质量检测方面，企业可以充分发挥机器视觉技术的作用，检测产品是否合格。除此之外，企业也可以将助力设备引入智能工厂，辅助工人工作，降低工人的劳动强度。

（5）注重能源节约和环境友好

智能工厂可以采集和分析设备及产线的能源消耗数据，并根据分析结果对产线各环节进行优化调整，提高能源利用效率；智能工厂可以使用机器代替人来处理各项具有危险性和污染性的工作，同时还可以对产线中产生的废料进行回收利用，从而达到保护环境的效果，实现绿色制造。

（6）确保实时洞察和精准决策

智能工厂具备生产指挥系统，能够广泛采集和深入分析工厂的各项数据信息，及时发现和处理各类问题，防止出现非计划停机的情况。不仅如此，智能工厂还可以利用数字映射技术在虚拟空间中构建工厂模型，让相关管理人员可以借助该模型来了解生产现场的状态，从而做出正确决策。

1.1.3　智能工厂的信息化架构

智能工厂信息化指的是将先进的管理思想与技术手段相结合，以工厂信息基础设施互联互通为基础，将企业内部与外部的信息资源进行汇聚与整合，实现研发、采购、生产、销售等各个环节的信息集成与共享，为企业管理提供决策依据，提高决策的准确度和有效性，从而提升企业的管理效率和管理水平。

智能工厂信息化包含信息收集、信息交互、信息存储、信息应用、信息系统维护等内容。标准贯穿于智能工厂信息化建设与实施的整个过程，是信息化建设与实施的依据和准绳。一方面，标准能够为企业开展智能工厂信息化建设活动提供指导、指明路径，避免各企业各行其是而走了弯路；另一方面，标准能够为企业开展智能工厂信息化建设活动提供规范和准则，保证企业的信息安全和信息系统的可靠性等。

通过分析智能工厂信息化关键技术，围绕智能工厂价值链的全生命周期，搭建了智能工厂信息化架构，如图1-4所示。现场层、管控层、企业层、平台层、协同层每层分工不同，但紧密联系、上下交互，通过应用各类智能工厂信息化技术、标准与规范，实现智能工厂的全面信息化管理。

智能工厂的全面信息化管理集中体现在“人、机、料、法、环”五个方面：

- “人”指制造产品的人员；
- “机”指制造产品所用的设备（机器）；
- “料”指制造产品所使用的原料；
- “法”指制造产品所使用的方法；
- “环”指产品制造过程中所处的环境。

（1）现场层

通过网络服务器、网络通信链路等基础设施实现车间网络布局，进而支持

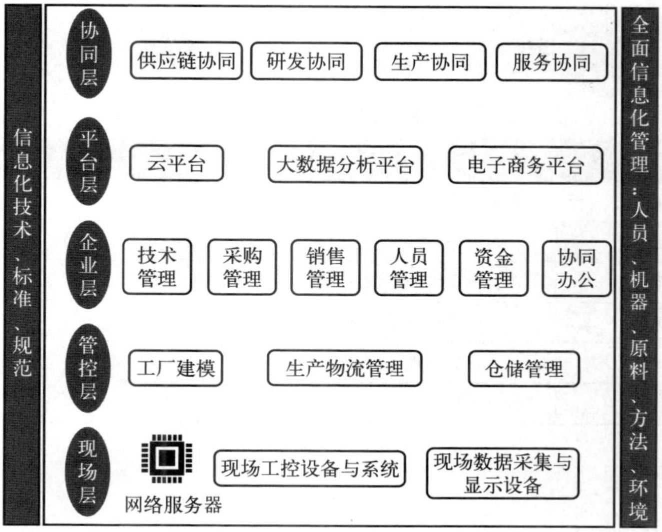

图1-4 智能工厂信息化架构

现场设备的通信功能。

现场工控设备与系统包含DCS（集散控制系统）、PLC（可编程逻辑控制器）、SCADA（数据采集与监控）系统、AGV（自动导向车）、传感器、数控机床、智能仪表、工业机器人等。现场数据采集与显示设备包含移动终端（手机、平板电脑等）、条码扫描枪、RFID采集机、电子看板（机台看板、产线看板、车间看板）、大屏监控中心等。

（2）管控层

利用MES（制造执行系统）、PLM（产品生命周期管理）、WMS（仓库管理系统）等信息系统，加强对车间信息的智能管控，连接现场层和企业层两个层级，实现整体架构的互联互通。

该层级主要包含工厂建模、生产物流管理和仓储管理等内容，其中，工厂建模包含流水线、流转卡、工序工步、设备机台、工艺参数、工装模具等信息；生产物流管理包含监控物流运行状况、规划运输路线、集货拣货等；仓储管理包含货位编码、精确定位、流转标签、储区规划、货品上架、货品出库等。

（3）企业层

整合企业信息管理系统，利用ERP（企业资源计划）、CRM（客户关系管理）、SCM（供应链管理）、CAD（计算机辅助设计）、CAE（计算机辅助工程）、CAM（计算机辅助制造）、CAPP（计算机辅助工艺设计）、OA（办公自动化）

等软件系统，加强对技术、采购、销售、人员、资金的管理，同时，实现企业各部门间的协同办公，如表1-1所示。

表1-1 智能工厂信息化架构中企业层的主要内容

内容	要点
技术管理	包含对设计图纸、工艺文件、标准规范等方面的管理
采购管理	包含供应链管理、制订采购计划、订货管理等
销售管理	包含客户管理、制订销售计划、订单管理等
人员管理	包含对人员资质、绩效考核、岗位职责等方面的管理
资金管理	包含预算管理、应收应付账单管理、成本核算等
协同办公	包含工作流引擎、流转审批、电子文控等

（4）平台层

平台层主要指利用云计算、大数据等信息化技术，构建云平台、大数据分析平台、电子商务平台等网络平台，加强企业信息化管理的集中性、灵活性和同一性，提高企业整体运作效率，帮助企业快速掌握市场需求、加快产品更新速率，加强企业与用户之间的商业联系，提升企业创新能力和服务水平。

（5）协同层

打通供应商、客户、经销商、外协加工商、第三方物流公司间的信息化渠道，优化配置产业链中不同环节的资源要素，加强供应链协同、研发协同、生产协同和服务协同，在产业链中的上下游间形成提质、增效、降本的多赢局面。

1.1.4 智能工厂的未来发展趋势

《中国制造2025》《国家智能制造标准体系建设指南》《“十四五”智能制造发展规划》等政策的陆续出台，为我国制造业的智能化转型提供了有力的支持。在智能工厂中，人工智能、大数据等技术实现了广泛应用，不仅有效提高了生产效率，也变革了传统的生产模式。

未来，智能工厂与新一代信息技术的融合程度将进一步加深，具体来说，智能工厂的未来发展趋势如图1-5所示。

（1）数据驱动：数据成为智能化生产的关键

数控机床、工业机器人等的广泛应用和深度互联，使得大量工业数据随之产生，同时，研发、运营等制造业务逐渐向数字空间转移，进一步加速了工业

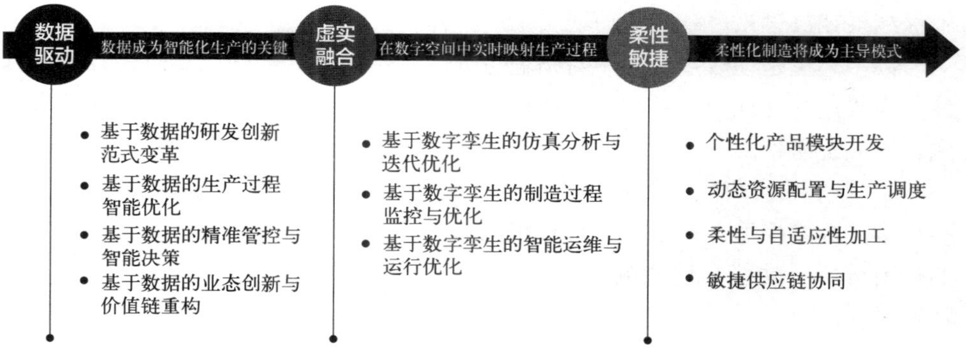

图1-5 智能工厂的未来发展趋势

数据的积累。此外，大数据、人工智能等技术的突破与融合应用，为海量工业数据挖掘分析提供了有效手段。构建“采集、建模、分析、决策”数据优化闭环，应用“数据+模型”对物理世界进行状态描述、规律洞察和预测优化，已成为智能化实现的关键路径，在工厂各领域展现出赋能潜力。

① 基于数据的研发创新范式变革。数据与研发全流程相结合，能够应用数据模型、智能算法和工业知识，孕育超越传统认识边界的创新能力，推动研发创新范式从实物试验验证转向虚拟仿真优化，进而迈向基于数据的设计空间探索、创新方案发现和敏捷迭代开发。

② 基于数据的生产过程智能优化。基于海量制造数据的采集、汇聚、挖掘与分析，融合工业机理，能够构建具有感知分析和洞察解析复杂制造过程功能的数字模型系统，通过对工艺流程、参数的闭环优化与动态调整，实现自决策和自优化生产制造过程。

③ 基于数据的精准管控与智能决策。通过对工厂中全要素的深度互联与动态感知，能够打通生产过程的数据流，通过数据自动流动化解复杂制造系统管控的不确定性，实现精准感知、动态配置和智能决策的生产运营管理。

④ 基于数据的业态创新与价值链重构。通过数字技术连接各类终端、产品、设备等，基于数据分析开展远程运维、分时租赁、产融结合等新服务与新业态，能够推动价值链高价值环节的产生或转移，以及价值网络的全面重构。

（2）虚实融合：在数字空间中实时映射生产过程

数字传感、物联网、云计算、系统建模、信息融合、虚拟现实等技术的推广应用，实现了物理系统和数字空间的全面互联与深度协同，以及在此过程中的智能分析与决策优化，使得数字空间能够对现实生产过程进行高精度刻画和实时映射，以更高效和近乎零成本的方式开展验证分析和预测优化，进而获得较优结果或决策来控制和驱动现实生产过程。

数字孪生是在数字空间中对物理世界的等价映射，能够以实时性、高保真性、高集成性在虚拟（数字）空间模拟物理实体状态，已成为在工业领域虚实融合的关键纽带。

① 基于数字孪生的仿真分析与迭代优化。通过建立集多学科、多物理量、多尺度的数字模型，可复现物理样机的设计状态，在数字空间中完成设计方案的仿真分析、功能与性能测试验证、多学科设计优化，以及可制造性分析等，加速设计迭代。

② 基于数字孪生的制造过程监控与优化。依托装备、产线、车间、工厂等不同层级的工厂数字孪生模型，能够通过生产数据采集和分析，在数字空间中实时映射真实生产制造过程，进而实现仿真分析、虚拟调试、可视监控、资源调度、过程优化、诊断预测等。

③ 基于数字孪生的智能运维与运行优化。通过采集产品运行与工况数据，能够构建实时映射物理产品运行状态以及功能、性能衰减分析的运行数字孪生模型，从而为产品状态监控、效能分析、寿命预测、故障诊断等提供分析决策支持。

（3）柔性敏捷：柔性化制造将成为主导模式

目前，消费方式正逐步由标准化、单调统一向定制化、个性差异转变。例如，服装行业积极落地多种成衣的在线定制，家具行业大力推广全屋家居的客户定制，汽车行业加速探索乘用车用户直连制造，等等。传统大规模量产的生产模式已无法在可控成本范围内满足个性化需求的敏捷响应和快速交付，工厂亟须通过构建柔性化生产能力，以实现多品种、变批量和短交期的个性化订单的生产和交付，具体主要通过以下四方面来实现“柔性”。

① 个性化产品模块开发。基于数字化建模工具和数据管控平台，能够依托产品模块库、设计知识库和配置规则库等，根据设计需求，选择、配置和组合产品模块，并通过参数化设计快速修改模块设计，进而产生定制化产品设计方案、工艺方案等。

② 动态资源配置与生产调度。通过泛在连接各类生产资源，实时感知生产要素状态，面向小批量定制工单，精确制订主生产计划、物料需求计划、车间任务排产，柔性配置和组织生产资源，并实时根据订单状态和异常扰动，动态调整计划排程，灵活调度生产资源。

③ 柔性与自适应性加工。依托柔性可重构产线、柔性工装夹具和柔性线上物流搬运系统，能够基于数据对单件或小批量产品进行精准识别、资源匹配

和生产全过程精确控制，进而实现工艺流程不同、作业内容差异的多品种批量定制产品的柔性生产。

④ 敏捷供应链协同。打通产业链供应链，建立面向研发、生产、运营等业务的供应链协同机制，基于跨企业的数据共享和实时反馈，能够增强供应链资源柔性配置、业务动态协同和变化快速适应能力，进而实现供应链对定制需求的敏捷响应和快速交付。

1.2 智能工厂建设的现状与对策

1.2.1 国内外智能工厂发展现状

随着物联网、云计算和工业互联网等新兴技术的快速发展，许多企业将这些先进技术应用到生产制造当中，提升工业生产的智能化程度，并建设智能工厂，不断加快制造业复兴的步伐。

就目前来看，全球各国均有制造企业展开智能工厂建设实践。例如，德国工业巨头西门子旗下的安贝格电子工厂将各类高度自动化的设备应用到生产线当中，实现了多品种工控机的混线生产；美国摩托车品牌哈雷戴维森将加工中心和机器人整合到智能制造单元当中，并借此实现大批量定制，充分发挥各项智能化工具的作用，在提升生产效率的同时充分满足客户的个性化需求；法国的施耐德电气在能源领域掀起数字化、自动化变革，进一步升级自动化技术，推动电气开关制造和包装的流程实现了全自动化；日本发那科公司不断提升伺服电机生产线的自动化和智能化程度，并建设大量自动化体系仓库用于传递生产物料，大幅降低人在生产制造过程中的参与度，提高了工业生产的效率和产品合格率。

现阶段，劳动力成本持续升高，产能过剩和市场竞争问题日渐严重，客户的需求逐渐趋向个性化，低成本竞争策略已经难以为制造企业的发展提供支撑，因此我国制造企业亟须加快转型速度，建立差异化竞争优势。制造企业普遍存在招工困难、专业技师不足等问题，需要加快建设智能工厂的速度，利用各类自动化、智能化设备代替人来作业，减少员工数量，提升生产效率。

与此同时，各项新兴技术飞速发展，制造企业开始将物联网、增材制造、机器视觉、协作机器人等各类先进的技术和工具应用到各个制造环节当中，这些技术的应用大幅提高了制造的智能化程度。不仅如此，我国政府也推出各项相关扶持政策，为智能工厂建设提供政策层面的支持。在我国，部分行业的企业在生产制造方面对智能工厂建设的需求较大，亟须快速提升生产线和装配线的自动化、智能化程度，如汽车、家电、家居等，且部分企业已经展开了智能工厂建设的实践，如海尔、尚品宅配、东莞劲胜等。

具体来说，海尔佛山洗衣机工厂已经建成自动无人生产线，该生产线应用了制造执行系统（MES），融合了射频识别（RFID）技术，具有柔性化程度高的优势，支持机机互联、人机互联和机物互联，能够根据订单自动完成配置、生产和装配等工作；尚品宅配拥有高度智能化的生产加工控制系统，可以灵活切割各类板材，对产品的款式、尺寸等进行个性化定制，充分满足客户需求；东莞劲胜综合运用国产的加工中心、数控系统和工业软件，且构建了工厂数字映射模型，既可以自动采集各项设备数据，也支持各项设备接入整个车间的网络，实现了手机壳的智能加工。

1.2.2 智能工厂建设的3种模式

智能工厂中配有智能化生产系统和网络化分布生产设施，可以以智能化的方式完成各项生产任务，在智能制造中发挥着至关重要的作用。就目前来看，智能工厂已经实现自主采集、自主分析、自主判断和自主规划等功能，且集成了可视化技术、仿真技术、多媒体技术等多种先进技术，既可以实现推理预测，也可以以数字化的方式呈现设计和制造过程。

在智能工厂的系统中，各个部分可以自行组合，确保系统结构可达最佳水平，同时也可以互相协调、重组和扩充，并自主完成学习和维护。一般来说，各个行业在生产流程和智能化程度等方面存在一定差异，因此不同的行业通常会采用不同的智能工厂建设模式，如图1-6所示。

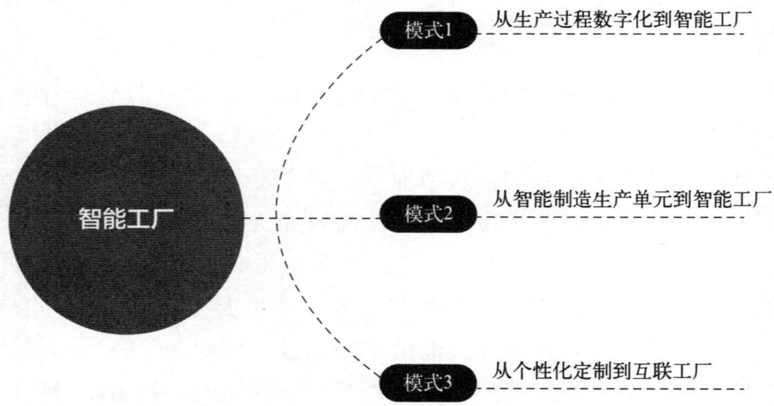

图1-6 智能工厂建设的3种模式

（1）模式1：从生产过程数字化到智能工厂

在流程制造领域，产品品质可控是企业推进智能制造的内在动力，因此企业在建设智能工厂时通常会以生产数字化为切入点，在明确品控需求的基础上推动产品末端控制转向全流程控制。

具体来说，流程制造企业大多采用如表1-2所示的智能工厂建设模式。

表1-2 流程制造企业采用的智能工厂建设模式

模式	要点
推进生产过程数字化	针对各个环节建设信息化系统，并构建包含整个流程中所有环节的动态透明可追溯体系，利用统一的可视化平台支撑各部门互相协同，共同控制产品生产过程中的各个环节
推进生产管理一体化	搭建企业信息物理系统（cyber-physical systems，CPS），整合各个核心业务系统，促进各项内部资源信息共享，并借此进一步优化采购销售、生产制造和运营管理等核心业务
推进供应链协同化	深入了解原材料采购和配送需求，鼓励供应商和物流企业应用CPS，搭建供应商和物料配送网络，提高各个相关方在采购和配送等环节的协同性，推动原材料供应和生产配送走向系统化和流程化，进一步提升供应链运行的高效性
建设大数据化智能工厂	无缝连接整个产品生命周期，实现端到端集成，增强工厂的个性化和定制化生产能力

（2）模式2：从智能制造生产单元（设备和产品）到智能工厂

在离散制造领域，扩大产品价值空间是企业推进智能制造的核心目的，因此企业在建设智能工厂时通常以单台设备自动化和产品智能化为切入点，不断提高生产效率和产品效能，进而获得更高的产品价值。

具体来说，离散制造企业大多采用如表1-3所示的智能工厂建设模式。

表1-3 离散制造企业采用的智能工厂建设模式

模式	要点
推进生产设备（生产线）智能化	根据生产需求为智能工厂配备各项智能装备，以CPS为基础建设车间级智能生产单元，实现高精度、敏捷化的生产制造
利用智能化技术丰富产品功能	充分发挥智能装置的作用，支持产品与CPS交互，并实现远程故障诊断、实时诊断等功能，为产品增添各类智能化的增值服务
集成车间级和企业级系统	整合生产和经营过程中的各个环节，促进各环节及上下游企业实现信息共享，并在横向价值网络的基础上进一步推进各环节及上下游企业进行协同创新
集成生产与服务	以智能工厂为基础，充分落实各项服务化转型工作，进一步提升产业效率，增强核心竞争力

以广州数控为例，该企业充分发挥工业以太网的作用，连接起单元级的传感器、数控机床、工业机器人，车间级的柔性生产线总控制台，企业管理级服务器以及各项机械设备，同时利用互联网连接起企业管理系统和产业链上下游企业，为产品全生命周期各环节之间的数据交互提供支持，为远程采集和分析生产数据、监测生产过程以及诊断生产故障提供方便。

（3）模式3：从个性化定制到互联工厂

在消费品制造领域，兼顾满足消费者的多元化需求和实现规模经济生产两项任务是企业推进智能制造的重点，因此企业在建设智能工厂时通常借助互联网平台实现个性化定制，并进一步扩大制造规模，打造互联工厂。

具体来说，消费品制造企业大多采用如表1-4所示的智能工厂建设模式。

表1-4　消费品制造企业采用的智能工厂建设模式

模式	要点
推进个性化定制生产	提高生产线的柔性化程度，利用互联网平台与用户互动，广泛采集用户需求，并在此基础上推动生产制造走向精益化
推进设计虚拟化	充分发挥互联网和虚拟仿真技术的作用，为设计、生产、服务等各环节之间的数据交互提供支持，并进一步优化生产工艺，实现虚拟化设计
推进制造网络协同化	革新组织模式，推动制造平台走向扁平化和虚拟化，并整合产业链上下游资源，依托网络实现远程定制、异地设计和当地生产，提高生产制造各环节之间的协同性

1.2.3　智能工厂建设存在的误区

就目前来看，我国正不断加快智能工厂建设速度，提升工业生产的智能化水平，但在建设过程中也出现了许多问题，如图1-7所示。

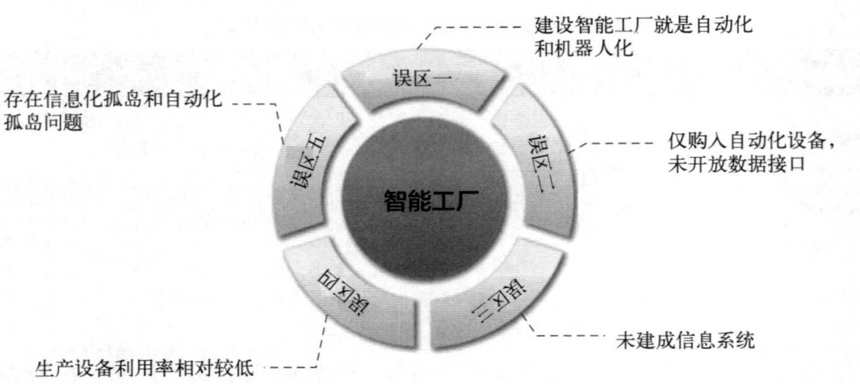

图1-7　智能工厂建设存在的误区

① 部分制造企业陷入了“建设智能工厂就是自动化和机器人化”的误区，在购入自动化设备、改造和应用机器人以及建设自动化产线时缺乏明确的目标，导致自动化生产线的柔性化程度不足，无法加工或装配不同的产品，部分设备缺乏配套的软件系统，也难以在生产制造过程中充分发挥作用。

② 部分企业仅仅购入了自动化设备，但却并未开放数据接口，无法自动采集设备数据，也无法将设备接入网络。现阶段，大多数自动化厂商还在使用自己的工业总线和通信协议，OPC UA标准[1]的普及度相对较低。

③ 部分企业尚未建成信息系统，工厂运营层处于黑箱状态，难以全程追溯生产过程各环节中的各项相关数据，也难以保证工时数据、物料清单（bill of material，BOM）数据的准确性，难以实现高效的生产管理。

④ 部分企业的生产设备利用率相对较低，且并未对各项生产设备进行有效管理，导致设备时常出现故障，进而影响生产计划，造成设备绩效低、生产效率低等问题。

⑤ 部分企业存在信息化孤岛和自动化孤岛问题，难以有效集成各个相关供应商，也没有统一规划自动化生产线，与生产制造息息相关的智能装备供应商、传感器供应商、工业软件供应商、自动化控制供应商等难以进行信息交互，各个生产线也需要借助中转库来完成转运工作。

总而言之，智能制造和智能工厂建设均具有较高的复杂度，涉及多个领域，若企业未能深入理解其内涵，则不能盲目推进各项相关工作，否则可能会出现投资无效的情况。从实际操作上来看，为了获得建设成果，在推进智能工厂建设的过程中，企业需要借助经验丰富的咨询服务机构的力量，并提高高层人员的参与度，深入了解自身实际情况，从团队、产品和生产工艺出发，分析实际需求，制订整体规划，稳步推进智能工厂建设工作。

1.2.4 智能工厂建设的实践对策

就目前来看，智能制造已经成为制造业的热门话题，但对企业来说，在建设智能工厂时还需充分考虑自身实际情况，深入分析中长期发展战略，充分把握产品、工艺、设备和订单的特点，并在此基础上制订科学合理的智能工厂建设方案。与此同时，企业也要制定明确的标准规范，优先解决紧迫性最高的问题，确保各项智能工厂建设相关工作均可落到实处。

具体来说，智能工厂建设的实践对策如图1-8所示。

[1] OPC UA标准：工业网络中数据传输的现代标准，可以完成不同系统之间的数据传输。

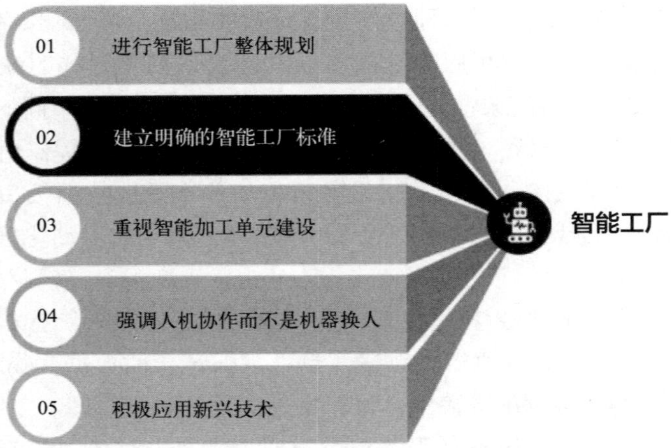

图1-8　智能工厂建设的实践对策

（1）进行智能工厂整体规划

在建设智能工厂的过程中，企业需要整合自动化系统和IT（信息技术）系统中的各项相关信息，对各项异构数据进行采集、分析和处理，如设备数据、生产数据、能耗数据等，并提升厂房布局的科学性和合理性，确保厂房布局符合产品生产工艺要求，以优化业务流程和提升物流效率，并尽量保证工人工作的舒适度。

对制造企业来说，一方面，应加强技术培训，确保各个环节中的工作人员能够掌握智能工厂相关技术，并与具备实践经验的智能制造咨询服务机构展开合作，协同推进智能工厂建设工作；另一方面，还应充分考虑行业差异问题，从自身产品的特点和制造工艺出发，找准建设的目标和重点。

（2）建立明确的智能工厂标准

在建设智能工厂的过程中，企业需要制定严格的管理规范和明确的技术标准，如业务流程管理规范、设备点检维护标准、智能工厂评估标准、智能装备标准、智能工厂系统集成标准、工业互联网标准、主数据管理标准等，以便防止出现数据标准缺失、一物多码等问题，降低设备集成难度和管理流程的复杂度，提升职权之间的匹配度，充分落实质检工作，保证产品生产质量。

（3）重视智能加工单元建设

智能加工单元是我国制造企业未来的重要发展方向。具体来说，智能加工单元可以充分发挥智能技术的作用，整合数控车床、加工中心、工业机器人和自动化设备，提升产品加工的柔性化程度，确保生产的高效性。智能加工单元建设是制造业智能化转型的重要内容，具体可从模块化设计、集成化应用、互联互通等内容入手，按由小到大、从局部到整体的顺序推动工厂的智能化升级，帮助企业更好地适应小批量多品种的生产需求，提升企业的市场竞争力。

（4）强调人机协作而不是机器换人

智能工厂可以在保证成本合理的情况下满足客户的个性化需求，而人机协作既可以充分发挥人的灵活性，处理各类复杂多样的工作，提升判断和决策的有效性；也可以利用机器人来处理各项重复性的工作，提升生产效率。由此可见，人机协作将会成为智能工厂的重要发展方向。

（5）积极应用新兴技术

近年来，增强现实（augmented reality，AR）技术快速发展，并逐渐被应用到工厂的设备维护和人员培训当中。对设备维修人员来说，既可以利用AR眼镜精准找出所需操作的工作位置；也可以以扫码的方式使虚拟模型与实物重合，借助虚拟模型获取设备型号和工作参数等信息，进而按照AR的提示信息完成设备维修工作；还可以利用AR技术对比实物和数字模型的运行参数，快速找出设备的问题所在和故障成因。

不仅如此，企业还可以综合运用数字工厂仿真与其他各项先进技术，如离散事件建模、3D几何建模、可视化仿真与优化等，并借助这些技术来仿真和分析工厂的静态布局和动态物流过程，对产品的生产工艺进行仿真，从而推动产品生产走向数字化。

1.3 基于价值流分析的智能工厂规划

近年来，随着市场竞争的重心转移以及智能制造技术的进步与发展，越来越多的制造企业将目光投向智能工厂，以培育新的企业经济增长极。但是，很多企业在完成建设后才发现，所建设的工厂对企业原有的痛点、难点、堵点的解决能力有限，在各方面的表现都与规划目标有一定差距。

之所以会出现这种情况，是因为在对智能工厂进行规划设计时没有采用科学规范的方法，传统的聚焦于“工艺流程实现、设备及制造技术应用和产能实现”的设计思路与智能工厂的规划设计需求存在脱节，亟须一种与新型工厂使用要求相匹配的设计方法。

下面我们提出一种基于价值流分析的智能工厂规划设计方法，聚焦于“现有问题的解决”和“未来制造能力的提升”，严格将智能工厂的规划设计与实际所解决的问题挂钩，能够有效提升工厂规划设计的科学性、实用性和可维护性，从而提升智能工厂的可持续竞争力。

价值流分析是将企业生产各个环节的价值创造绘制成流程图，使企业生产过程中的资源和信息流动一目了然地呈现出来，以更好地评估资源和信息流动过程中价值的增减。价值流分析注重系统性，以数据为驱动，同时分析过程可监测性强，其在产业中的应用能够有效提升管理的精细化程度，优化资源配置方式。

价值流分析以价值创造为导向，聚焦于企业生产全周期、各环节的资源与信息流动情况，对其流动顺畅度、准时性和增值情况进行监测。这一分析方法能够兼顾企业生产的宏观层面与微观层面，既关注生产系统整体的效率，又能够细化管理各个生产环节，其最终目标在于在时间与资源供给不变的情况下让企业为客户创造更多的价值。也正是因为这些特点，此方法能够更好地指导智能工厂解决企业当下面临的难题，提升企业未来的制造能力。

1.3.1 生产全过程的数据采集

在基于价值流分析的智能工厂规划设计方法中，企业需要做的第一步就是采集生产全过程信息数据并归类，夯实价值流图绘制的信息基础。从本质上看，企业当前状态价值流图是对企业当下生产全过程的数字化呈现，其绘制离不开企业生产全过程信息数据的支撑。因此，企业当前状态流图的绘制需要建立在生产全过程信息数据调研采集的基础上，所采集的数据应满足涵盖维度广、完整度与精确度高、来源可靠等条件。

为了确保所采集的数据客观可靠、具有实际指导意义，应确保所选用的调研采集方法科学规范。首先，为保证所采集的数据能够实现对多个生产维度的全覆盖，采集者应树立系统思维，对应实际生产过程理清待收集数据的脉络，这就需要对生产的各个环节形成全面而正确的认识；其次，为保证数据的完整度与精确度，采集者在采集过程中应深入具体的生产环节与生产操作之中，对不同的工序归类，并针对不同的工序制订相应的数据信息收集格式化列表，确保表内指标与实际生产中各环节一一对应；最后，为保证数据真实可靠，信息数据采集者必须进行实地考察与数据搜集，通过与工作人员访谈、查询生产日志等方式获取数据，必要时还应亲自测量。

1.3.2 绘制当前状态价值流图

根据前期所采集的生产信息，能够绘制出企业当前状态价值流图。通过图表化的呈现方式，能够一目了然地描述出企业生产各个环节中的价值增减以及价值流向。通过价值流追溯、各环节价值量计算，能够迅速定位到当前状态下影响企业价值流动的关键因素。

物料（成品或半成品）流动与信息流动是制造型企业生产全过程价值流动的主要内容。因此，在分析企业生产全过程价值流动现状时一般也聚焦于这两个方面。通过分析企业当前状态价值流图，对价值流溯源，能够快速地发现企业物料流动过程中的堵点，包括生产过程中物料供应不足导致的待料以及物料供应过剩导致的呆料情况、工序间等候时间过长所导致的衔接不畅情况、工序间在制品过多所导致的流转不畅、设备或人员状态不佳所导致的工作质量状况不稳定等情况。从这些现象切入，寻找其中工厂规划设计方面的原因，见表1-5。

表1-5 企业物料流动不畅常见问题及影响因素分析

物料流动不畅常见问题	影响因素分析
生产过程中有待料现象，生产现场有呆料现象	工厂整体规划设计不合理；原材料仓库规划设计不合理；物流路径规划设计不合理；物料转运工具及方式设计不合理
工序之间有作业等待现象；工序间在制品较多	生产线布局规划不合理；设备选型不合理；各工序作业能力不平衡
作业质量状况不稳定	设备性能落后；人工作业；人工检测
设备运行状态不稳定	设备缺乏状态监测与自诊断，故障频发
换模次数频繁	设备柔性加工能力差

通过分析企业当前状态价值流图和信息流溯源，能够快速识别出企业信息流动中存在的堵点，包括：物料供给不及时所导致的生产计划执行力差；物料缺失导致的生产进度推迟；中途断料导致的频繁停工；因组织协调不畅导致的相邻生产工序生产计划脱节；生产过程中人工信息传递导致的信息传播速度慢、谬误大；设备异常信息人工记录导致的信息利用率低、同步性差；等等。从这些现象切入，寻找其中工厂规划设计方面的原因，见表1-6。

表1-6 企业信息流动不畅常见问题及影响因素分析

信息流动不畅常见问题	影响因素分析
因物料延迟导致生产计划变更频繁；物料现场不齐套，无法准时开工；现场断料，频繁停工；上下道工序生产计划不同步	信息流架构设计不合理；信息流逻辑设计不合理；信息流流程设计不合理
生产过程信息人工传递，及时性差、效率低；质量信息数据采集人工为主，准确性差、效率低；设备异常信息人工记录传递，有效性差、效率低	信息化程度低；信息数据采集手段落后

1.3.3 精准匹配智能制造技术

结合当前状态价值流图的分析结果，提取出在企业生产全过程价值流动中具有关键影响力的要素，对应性地将要素与相关的智能制造技术关联起来，充分发挥智能工厂对企业生产全过程价值流动的支撑与促进作用。

在深入分析影响企业生产全过程价值流动的各种主要因素的基础上，聚焦于“解决现有问题”和“提升未来制造能力”的目标，从技术角度寻找打通企业全生产流程价值流动各个节点的解决方案，以保证智能工厂能够支撑起制造企业的升级与革新。

在智能工厂规划设计中，聚焦于影响企业物料流动的主要因素，可以利用以下智能制造技术生成解决方案，见表1-7。

表1-7 物料流动不畅主要因素与智能制造技术匹配表

物料流动不畅主要因素	智能制造技术匹配
工厂整体规划设计不合理；原材料仓库规划设计不合理；物流路径规划设计不合理；物料转运工具及方式设计不合理	Tecnomatix plant simulation仿真技术；工厂整体规划设计建模与仿真技术；原材料仓库规划设计建模与仿真技术；物流路径规划设计建模与仿真技术；智能立体仓库技术；智能物流技术
生产线布局规划不合理；设备选型不合理；各工序作业能力不平衡	FlexSim仿真技术；生产线布局规划设计建模与仿真技术
设备性能落后；人工作业；人工检测	工业机器人技术；高端智能装备与自动化技术；传感器与智能检测技术
设备无状态监测与自诊断，故障频发	设备状态监测与故障诊断技术
设备柔性加工能力差	设备柔性加工技术

在智能工厂规划设计中，聚焦于影响企业信息流动的主要因素，主要利用以下智能制造技术生成解决方案，见表1-8。

表1-8 信息流动不畅主要因素与智能制造技术匹配表

信息流动不畅主要因素	智能制造技术匹配
信息流架构设计不合理；信息流逻辑设计不合理；信息流流程设计不合理	信息化软件架构设计建模与仿真技术；信息化软件逻辑设计建模与仿真技术；信息化软件流程设计建模与仿真技术
信息化程度低；信息数据采集手段落后	MES技术；APS技术；WMS技术；ERP技术；SCADA技术；PDA技术；RFID技术

注：在工业制造领域，PDA即personal digital assistant（个人数字助理），指工业级手持终端设备，主要用于现场数据采集与处理。

在综合分析当前状态下生产全过程价值流动的主要因素的基础上，有针对性地选用智能制造技术生成相应的工厂规划设计解决方案后，进一步制定《智能工厂规划设计方案（初版）》，保证《智能工厂规划设计方案（初版）》与实际生产需求的匹配程度，提升其科学性与适切性。

1.3.4 绘制未来状态价值流图

为了保证《智能工厂规划设计方案（初版）》能够全面、科学、高效地指导智能工厂的建设，需要设计绘制智能工厂未来状态价值流图。智能工厂未来状态价值流图，是指在《智能工厂规划设计方案（初版）》的指导下所绘制，用于描述建成后智能工厂企业生产全过程价值流动的虚拟价值流图。通过对该价值流图的分析，能够反向推导《智能工厂规划设计方案（初版）》的智能技术精准应用情况，评估其规划是否能够有效消除要素对生产全过程价值流动情况的负面影响并强化有利影响，能否通过解决企业现有的生产全过程价值流动问题提升企业的价值贡献能力。

在未来智能工厂物料流动情况方面，可以通过智能工厂未来状态价值流图对原材料在库种类及数量、物料流转距离、物料配送类别及节奏、上下游各车间产能协调程度、不同生产线之间的平衡状况、不同工序之间在制品的详细需求情况、换模周期及节奏、人员排班方案、智能化工序覆盖情况、生产节拍、人均生产率等指标进行预测，并进行预测结果与当前企业生产过程价值流图对应指标之间的比较，以更加直观地评估《智能工厂规划设计方案（初版）》中物料流设计方案的适切性与有效性。

在未来智能工厂信息流动情况方面，可以在智能工厂未来状态价值流图的指导下对建立在信息流布局、部署思路和预设步骤完善基础上的制造信息化进行评估，预测其对物料配送不及时所导致的生产计划执行力差、现场物料短缺所导致的生产推进受限、现场断料所导致的生产停滞、因组织协调不畅导致的在制品等候时间过长、生产过程中信息同步速度慢、质量信息数据采集精确度低、设备异常信息记录传递效率低和响应慢等问题的解决情况。随后进行预测结果与当前企业生产过程价值流图对应指标之间的比较，以更加客观、科学地评估《智能工厂规划设计方案（初版）》中信息流设计方案的生效情况。

利用智能工厂未来状态价值图实现对《智能工厂规划设计方案（初版）》的检验评估，能够直观地获得《智能工厂规划设计方案（初版）》的落地效果，进一步识别出其中可能存在的不合理之处，为智能工厂规划设计方案的升级指明方向。

1.3.5 论证优化规划设计方案

在智能工厂未来状态价值流图的指导下，生成《智能工厂规划设计方案（初版）》的验证反馈报告，对照报告定位到《智能工厂规划设计方案（初版）》的问题和漏洞，重新整合相关资料进行漏洞修补，并对《智能工厂规划设计方案（初版）》整体细节进行打磨，输出《智能工厂规划设计方案（终版）》。

每次完成对智能工厂规划设计方案的升级后，都需要对应输出新的智能工厂未来价值流图，以开启新一轮的智能工厂规划设计的可行性、科学性与适宜性检验。通过多轮“检验—迭代—检验”的循环，最终打磨出趋于完美的《智能工厂规划设计方案（终版）》。

不同生产环节、不同生产维度的设计输出物最终构成了《智能工厂规划设计方案（终版）》，从物料流角度看，该范围内的设计输出物包括智能工厂系统架构设计图样、厂房及生产车间功能区分布设计图样、仓储功能区划分设计图样、生产线模块部署设计图样、物料流转轨迹规划设计图样、生产设备配置及技术操作标准、仓储设备配置及操作技术标准、物料流转设备配置及操作技术标准、人员分配部署等；从信息流角度看，该范围内的设计输出物包括工厂信息化建设总规划图、信息系统分层架构图、各模块信息化升级指南、信息化硬件配置及技术操作标准等。

经过多次循环检验与升级后，智能工厂规划设计方案将趋于完善，其所输出的智能工厂未来价值流图也更加畅通，各环节的价值增量更高，此时，智能工厂规划设计方案的建设指导能力已达标。在此前提下，进一步对各类设计输出物进行核查、归类，智能工厂规划设计工作才完全结束。

智能工厂规划设计水平直接决定着智能工厂建成后企业的价值创造能力能否得到提升。而基于价值流分析的智能工厂规划设计方法，聚焦于制造企业物料流与信息流中的价值分析，能够深入挖掘企业当前状态下生产全过程中各类难点、痛点、堵点的状况并进行归因，并在此前提下通过智能制造技术对应给出解决方案，在建设目标的引领下生成智能工厂规划设计方案，通过智能工厂未来状态价值流对规划设计方案进行多轮验证与完善，最终确保生成的智能工厂规划设计方案科学、全面、可操作性强。

以价值流分析为基础的智能工厂规划设计方案能够保证工厂规划设计的科学性，确保智能工厂规划设计方案与企业未来生产实际需要相匹配，让智能工厂与生产全过程形成更深层次的融合，让智能工厂能够更好地发挥其积极作用。该方法有望成为智能工厂规划建设的新模式，在未来得到大范围普及。

第2章 智能工厂的探索与实践

随着数字化时代的到来，制造业全面步入新的发展阶段，为了加快新型工业化的进程，完成传统产业的高端化转型，需要加快新型智能工厂与智能车间的建设，实现新一代信息技术与设计、工艺、生产、物流等各个环节的深度融合，以打造新时代工业创新链条、实现产品品质高端化、推行环境友好型生产、打造比较优势、提升价值创造能力。

智能工厂的建设离不开数字仿真技术和虚拟现实技术的支撑。在二者的支撑下，能够完成对现实工业生产环境的模拟与仿真调试。通过“虚实结合”的方式促进新品研发、制造生产和销售服务的升级，是现代工业化与信息化融合的实践路径之一。下面，以国内某新能源汽车企业为例，从构建目的、设计思路、建设路径等方面深入拆解数字化信息技术与传统制造产业创新融合的应用逻辑，以总结相关方法供其他数字化转型企业借鉴。

2.1 产品数字化

2.1.1 机电软一体化开发平台

在智慧园区的支撑下，该新能源车企综合运用IT和OT（运营技术），在前瞻技术的驱动下，打造具有应用场景托举能力的IOT（物联网）架构。智能工厂通过自动化设备和信息化应用系统实现线上管理与线下生产的联动，具体包括设备管理系统、供应商管理系统、质量管理系统、AGV智能调度系统、可视化监控系统、工厂级MES、WMS等。

在过去，各个系统之间由于基础软件差异，彼此之间存在信息壁垒，数据难以实现线上传输，需要人工格式转化后才能进行系统间的信息交流，效率很低。因此该企业开发了能够实现工业软件间数据互传的二次接口，在MES和智能RFID系统的支撑下，将制造、生产组织管理、动态生产过程等不同模块进行串联，形成业务协同网络。

为了提升产品研发速率，该企业打造了PLM（产品生命周期管理）系统协同集成平台，整合CATIA（计算机辅助设计软件）和PDM（研发设计软件）系统功能，打造了全企业集成的BOM（物料清单）系统，实现对EBOM（工程BOM，代表完整设计）、MBOM（制造BOM，代表制造设计）、SBOM（服务BOM，代表阶段过渡文件）的一站式管理。

该企业基于全球数字化协同研发平台、CAD（计算机辅助设计）和CAE（计算机辅助工程）、研发数据管控及高性能计算机系统搭建起了全球机电软一体化开发平台，为造型与总布置能力、样车制作与工艺能力、仿真分析能力以及试验验证与评价能力、结构设计与性能开发能力等的培养与提升夯实了基础。

（1）产品设计数字化

通过CAD与PLM系统的功能整合，设计人员可以直接通过PLM系统实现本机CAD设计图像的综合应用，将相关数据导入PLM系统后，即可完成相关物料的匹配，并完成物料的线上出库、调配审批以及产品的数字化管理。CAD与PLM系统的集成有效地提升了零部件管理的效率与精细化程度，缩短了产品EBOM的结构搭建周期。

（2）数字样车（DMU）可视化

以整车CAD BOM配置为依据，通过三维数字技术建立整车的数字模型。数字模型支持不同的模拟与调试，因此可以实现断面检查、静态间隙检查、3D批注、测量、动态干涉检查以及可视化报告等功能。此外，还能够根据车辆类型、车辆功能分区等因素定义相应的静态检查标准，构建车辆的虚拟评审框架与流程，形成远程协同评审机制。

（3）产品配置管理

该企业产品配置管理的关键在于以下几点：提升车型配置选装管理的柔性化程度，重塑新的管理模式；在中央制造BOM管控的支撑下，增大基地生产制造管理的覆盖面，实现多基地一体化管理；打造工程、制造、售后全生产链条动态协同的管控机制；构建以售后工程介入和介入工程方案评估为基础的同步工程设计模式。

（4）问题管理系统开发

该企业的问题管理系统开发逻辑如图2-1所示。开发问题管理系统，需要覆盖定义问题、分析影响、识别解决方案、批准方案、计划执行等环节的管理；可以根据生产周期内问题出现的环节、问题涉及的领域对问题归类管理；能够自动生成图表报告，并支持其下载与发布。

图2-1　某新能源车企的问题管理系统开发逻辑

2.1.2　仿真建模及数字化交付

该企业应用西门子推出的“数字孪生”智能制造系统，在数字空间内打造真实工厂的数字孪生体，对实际工厂生产过程中的各项数据、环境参数等进行映射，实现“虚实联动”，并借助三维可视化技术提升生产场景呈现的直观程度，达到数据驱动数字场景、数字场景同步实际生产的效果。

“数字孪生”智能制造系统（图2-2）通过监测虚拟场景的各项参数，即可掌握实际生产中的设备运行、工序衔接情况，提升监管效率与精确化程度；在大数据与分布式计算的支撑下，实现对云数据的分析与利用，提升工厂决策的科学性，从而优化工厂内部组织模式与要素配置方式，提升全要素生产率。

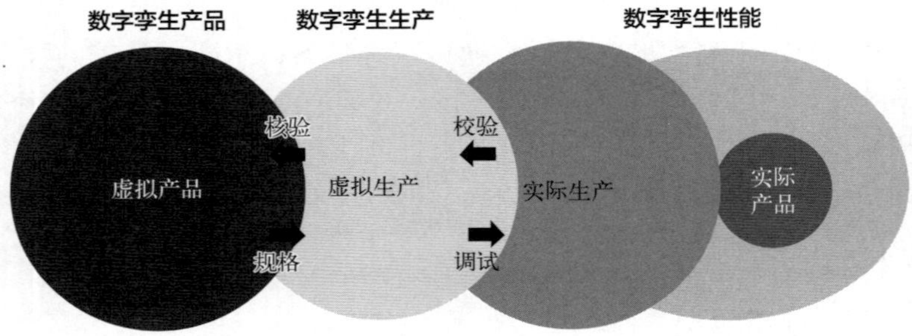

图2-2　“数字孪生”智能制造系统在生产中的应用

(1) 智能厂房设计

整个厂房的功能区划分（冲压、车身、涂装、总装等）与产线设计应严格与工业生产流程相对应，符合工业工程原理与规则。借助BIM（建筑信息模型），利用三维设计软件辅助建筑设计工作，可以通过数字化制造仿真软件模拟设备布局、车间物料流转轨迹、产线排布等，探索最佳布局组合，尤其是电气管线、给排水管道等基础设计。

同时，智能厂房还需提前规划设计智能视频监控系统、通风与空调系统、智能门禁与安防系统、智能采光与照明系统等。在智能视频监控系统中，通过应用机器视觉技术，能够降低视频中的噪声，提升视频画质，对物体或人员进行跟踪识别，此外还能判别监控中的异常行为，及时发出预警，快速联动其他系统响应入侵行为。

(2) 生产流程虚拟仿真

通过高颗粒度的仿真分析验证，严格按照计划要求在规定时间内验证方案的落地可能、设备参数以及用地面积等信息，进行成本控制，从而保证供应商预算追加的合理性与规范性；同时在前期进行生产能力模拟评估，有效监管实际生产中的CT（节拍时间）、JPH（单位时间工作量）、设备运行情况以及产能指标；通过搭建设备数字化安装与监管系统，能够有效提升设备安装效率、缩短调试周期。

（3）智能工厂搭建

依托数字化平台，打造全环节流通的制造数据循环，形成数字化制造管理与应用生态；借助虚拟现实技术模拟真实生产场景，打造数字工厂。在数据循环流通、虚拟空间与现实场景动态同步的基础上，开发企业生产系统内标准的硬件接口与相互衔接的软件功能，用数据链接信息化空间与现实生产行为，打造集数据采集、上传、分析、回传优化于一体的数字化智能生产体系，以大数据、物联网为支撑加快工艺迭代速度，提高生产的智能化、柔性化水平。

2.1.3 工艺设计一体化平台

该企业通过建设以3D技术为支撑的数字化工艺规划、仿真和优化平台，提升产品生产工艺管理能力。通过工艺设计一体化平台，实现了从产品设计到产品制造多个生命周期的联动、工装与工艺派生数据的线上设计以及工装与产品数据的绑定设计。

该工艺设计一体化平台（图2-3）能够将产品、制造信息、工艺、工厂等

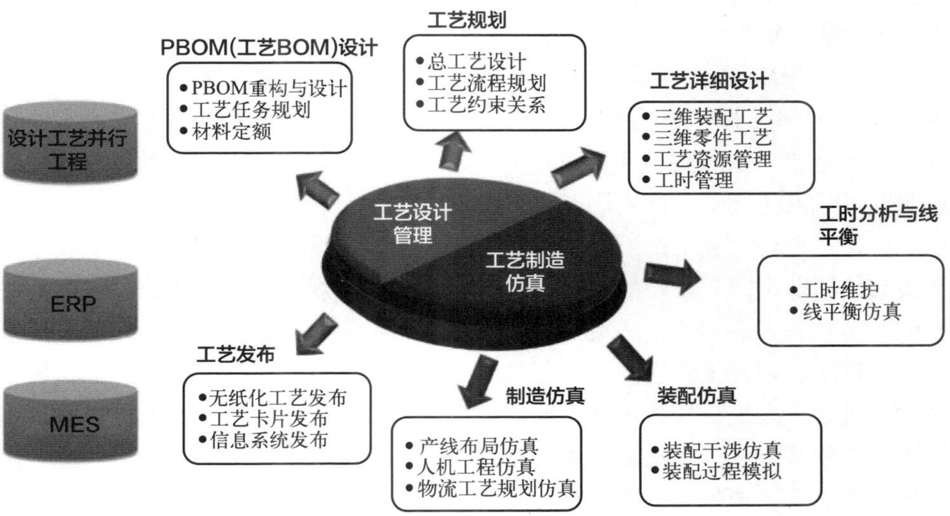

图2-3 工艺设计一体化平台

以结构化数据方式整合在一起，打造信息管理综合体，从而进一步整合制造与过程数据，提升数据管理的颗粒度。此外，其在充分挖掘产品数据、工艺资源数据价值的基础上，在数据空间内评估工艺布局、工艺设计的落地可行性，加快工艺文件编制速度，推动工艺经验沉淀为工艺知识，不断追求整体工艺水平的提升，最终实现以制造为导向的智能化设计。

该工艺设计一体化平台通过三维设计数据与实际生产场景的动态关联，实现工艺数据的数字化管理。以结构化数据方式整合工厂、工艺、产品与制造，作为BOM发放管理的基础条件。在统一的三维数据协同管理平台的基础上，将实际生产行为固定为标准的作业流程，并制定相关原则与标准，确保制造的精细化程度与生产响应的灵敏性。

通过工艺设计一体化平台，对工艺数据结构实施标准化管理，打造工艺信息模板库，积淀工艺经验、构建工艺知识图谱。建设与PLM系统功能融合的三维数字化协同工艺设计与管理系统，形成产品结构的树形谱系，提升产品族扩展和组合的灵活性，随后将工艺结构连接制造工艺数据，促进工艺数据拓展和组织管理的多元化。

通过将三维工艺模型、工艺文档等和与之匹配的工序/工步直接绑定，将PBOM层级结构作为工艺数据的描述范本，工艺输出能够以二维图片、三维模型、视频动画等多种形式呈现。

平台基于集团业务特点，并参考国内外相关经验，形成了企业专门的工艺知识库，并设立了标准工艺库、制造资源库等子分支，推动了知识与工艺一体化平台的深度融合，确保旧知识的妥善保存与新知识的及时更新，为后续项目工艺规划和分析提供了理论支撑。

以工时PDM系统建设为基础，平台在综合考虑上述核心需求的基础上，搭建以PLM为支撑的三维数字化协同工艺系统。下设三维结构化工艺设计与管理、多专业工艺协同设计管理、工艺资源与工艺知识管理、现场工艺执行与更改管理、工艺检验一体化管理等子模块。

此外，企业一般生产过程中需要有生产过程记录卡、工艺图样、更改单等纸质文件辅助生产。该新能源汽车企业在智能工厂规划中实现了信息化终端对工位的全覆盖，在轻量化三维模型和MES的配合下，能够实现对所生产车辆信息的自动识别、工艺匹配和工艺导航，操作人员直接在工艺显示屏的指导下操作，避免了人工查找与切换造成的操作效率低下问题。而且，操作工人可直接通过工单获取生产线上车辆的图纸、工艺、订单等生产信息，及时响应生产计划调整、工艺调整和图纸调整。同时，该模式支持智能手机登录，使得生产信息的查询更加高效便捷。

2.2 生产数字化

2.2.1 智能装备与生产系统

该新能源车企运用了德国西门子公司提供的智能制造信息系统，以及德国舒勒、日本发那科等企业的汽车工艺装备，在技术研发、品质提升、成本控制方面取得了突出成果，实现了智能制造在汽车行业的深度应用。

下面将具体介绍该车企智能工厂的主要技术和设备。

（1）先进智能工艺设备

① 德国舒勒智能全伺服高速冲压线。该冲压线在多个方面展现出优异的性能，包括速度、柔性、噪声控制、能耗调节。速度方面，冲压线的最高生产速度达16SPM（每分钟冲程数），并且能够在180s的时间内完成换模。柔性方面，冲压线具备强大的伺服直驱技术，能够通过编程调节压力曲线，使其在成形性上达到最佳状态；MMS（生产监控系统）可用于监控生产过程中的各项参数，如压力、温度等，以掌握生产的实时状况；通过大数据分析可诊断生产的潜在问题，并采取预防性措施。噪声控制方面，冲压线能够将生产噪声控制在78dB，在行业内处于领先水平。能耗调节方面，冲压线可凭借能源回收实现有效节能，节能幅度在30%。

② AGV上料系统。该系统通过智能硬件实现组件间互连，可完成自动上线板料的操作。另外，系统可根据生产计划进行智能调度和智能决策，保障各工序的安全有序运转，提高板料上线效率。

（2）全零件自动装框系统

线尾装框采用全零件自动装框系统，装框完成后AGV会将零件运送到对应的仓库，整个过程无须人工参与。相较于人工操作，自动化能够更加高效稳定地完成线尾区的复杂作业。用机器视觉代替人眼视觉，更准确地识别零件特征，借助机器人完成零件装箱、工位切换等各项操作，并在操作出现偏差时自动纠正。

此外，在MES（制造执行系统）中引入物联网技术，采用智能化手段实施生产调度，合理配置生产资源，提高生产过程中的决策水平。

（3）工艺数字化开发

生产工艺融入数字技术，不仅有效提高了生产质量和生产效率，也极大降低了生产成本。比如，将AutoForm软件用于零件的质量管控，通过工序分析发现零件存在的问题和缺陷，并及时予以解决和排除，而零件质量合格也将缩短模具调试周期。

（4）模具数字化开发

模具的数字化开发也贯穿于生产的多个环节，比如，运用ADAMS软件模拟模具废料滑落，确认是否存在废料堵塞的情况，废料堵塞表明模具结构存有缺陷，需对结构进行调整，提前规避问题；再比如，PLS、DIGSIM软件可用于生产线虚拟调试，通过调试为冲压线配备适配程度最高的端拾器和模具，确定自动化曲线的最佳设计，减少后期调试花费的时间。

（5）冲压智能化MMS

智能工厂的生产全流程需要被实时监督，从而尽可能降低故障发生率，保障生产系统的稳定运行。该企业采用的冲压智能化MMS能够借助传感器采集并分析设备数据，实时监控设备运转状况，进行设备问题诊断和设备维护，使设备始终保持在最佳工作状态。

2.2.2 数字化运营管控系统

该车企的车身车间已完全实现了自动化，达到了“黑灯工厂”的标准，车间的智能机器人24小时不间断工作，能够高效率高质量地完成焊接、定型等操作。车间拥有数量充足的机器人、NC（数控）定位机构、AGV等各类设备，具备极强的柔性制造能力，能够完成多车型、多工艺、多材料生产。举例来说，车间的KA（可配置自动化）生产线可用于6种车型的生产，并且可以在不同的车型之间任意切换。

此外，车间运用数字化建模、VC（虚拟调试）等技术可模拟工艺开发流程，实时监控流程运行并开展流程的调控。表2-1具体介绍了该车间的几项智能化操作。

表2-1 该车间的智能化操作

操作项目	操作要点
工艺规划	收集工艺流程、BOM（物料清单）、焊点分配等工艺方面的信息，对信息实施数字化管理，制订合理的工艺规划，显著提升工艺效率
工艺仿真	通过模拟生产过程提前发现工艺设计存在的问题，大幅降低现场调试的工作量，缩短项目周期，节省项目成本
虚拟调试	模拟机械和电气系统的运行情况，进行设备的虚拟调试，缩短现场调试周期，节省调试成本
虚拟影像	车间的车身主线外总拼工位配备有虚拟影像系统，用于监控生产过程，实施生产管控。另外，用户也可通过该系统观看真实的车身制造过程

该车企的总装车间也使用了多家国际知名企业提供的先进设备和技术，包括来自德国杜尔公司的装配生产线、来自瑞士ABB公司的自动化产品，以及来自德国西门子公司的智能MES等，在智能化方面达到了较高水平。在先进设备和技术的支持下，车间数据连通网络得以构建，能够基于数据共享全面掌握车间生产状况，实现数字化运营管控。

2.2.3 基于数据的智能匹配

生产过程中出现的尺寸偏差最后都会汇聚到总装环节，如果是新建造的工厂和新开发的产品，机器有可能无法识别尺寸配合，因而很容易造成停线。针对这一问题，该车企在其南沙工厂的总装车间配备了75台机器人，以实施自动装配，同时通过虚拟尺寸匹配识别匹配风险，并采取应对措施，降低停线的发生频率。此外，车间还运用大数据收集并分析不良数据，确定产生不良数据的根源，据此制订解决方案。

该智能工厂着手在数据互联的基础上推进数据应用，并围绕底盘全自动合装形成了示范方案。数据互联首先需要借助相关设备完成数据采集，在底盘全自动合装这一场景下，车身车间的蓝光检测设备用于获取所生产车辆的总高、总宽、总长等各项尺寸数据，车辆的前后桥位置的测量工作站用于获取该部位总成的安装孔尺寸数据，托盘缓存区的蓝光检测设备用于获取托盘定位销的直径、长度等尺寸数据。

以上信息数据经过编码后，经由MES最终到达智能匹配系统，同时系统还将接收来自QMS（质量管理系统）的来料数据，而后结合数据和匹配算法进行计算，得出自动合装场景下的尺寸匹配状态。各工位据此采取预防性措施，确保尺寸匹配问题得到妥善解决。

具体而言，底盘合装的智能匹配有虚实结合、数据互联、大数据应用3个关键点，下面将逐一介绍。

（1）虚实结合

底盘全自动合装基于工业4.0的框架，技术支持来自西门子公司，同时还用到了ABB公司生产的机器人，以及虚实结合的数字孪生技术，其中数字孪生技术主要有以下应用场景：

· 在数字虚拟空间中构建三维仿真模型，运用PLC程序开展底盘合装的虚拟调试，模拟内容包括具体的合装操作、生产节拍、安全保障等，借助数字化手段缩短调试周期。

· 在底盘合装过程中，借助三维动画与产线PLC建立连接，实现实时的信息交互，保持物理实体与数字空间步调一致，确保合装过程的正常运转。

· 在虚拟空间中模拟自动合装的车辆导入，确认其可用性后再导入实体车辆，避免在停机改造上花费过多时间。

（2）数据互联

基于数据互联和大数据分析管控合装质量，将合装成功率维持在较高水平，尽可能避免二次或多次合装。通过在线测量设备获取合装需要用到的尺寸数据，云端数据中心会综合运用尺寸数据、统计算法和匹配策略构建虚拟匹配模型，模拟车辆进入合装工位时的情况，识别可能发生的风险，而后各工位根据数据中心的风险分析采取预防性措施，实现对风险的规避，确保合装过程顺利完成。

（3）大数据应用

运用云端数据中心分析车间数据，基于数据分析把握质量变化趋势，进而得出关于工艺和工艺装备调整周期的准确预测结果，确保设备正常运转。

2.2.4 智能物流系统的应用

（1）智能物流设备

该车企的智能物流设备由国际知名企业提供，性能强大且稳定可靠，在自动化、交互性、流畅度、数据互通、操作便捷性等多个方面表现出色，显著提升了物流环节的智能化水平，是该车企智能工厂的重要组成部分。

（2）先进物流系统

该车企的物流系统集成了多个系统，包括MES、SRM（供应商关系管理）系统、EWM（扩展仓库管理）系统、PTMS（集成化工厂运输管理系统），以智能化、数字化为导向，从供应商、订单、仓储、运输多个层面入手实现贯穿全流程的物流管理，为柔性制造和自动化生产提供物流基础。

（3）先进冲焊物流

冲焊物流秉承“智慧物流、绿色物流、敏捷物流”战略，在MES、EWM等系统间建立连接，并运用AGV、机械手等操作工具，通过自动化的方式完成分拣、配送等物流操作，节省物流成本，提升物流的效率和稳定性。

AGV可通过激光导航技术实现智能化导航，运用此类AGV以及视觉识别机械手和高精度器具自动执行冲压车间的各项物流操作，包括装箱、搬运、入库等。使用RFID电子标签追溯零件信息，对零件实施全流程管理。

（4）先进总装物流

在智能化技术和设备的支持下，总装车间改变了传统物流模式，形成了全新的智能物流模式，如表2-2所示。

表2-2　传统物流模式与智能物流模式的对比

物流模式	对比
传统物流模式	工作人员从库区取得物料，挂载到牵引车上，而后将其运送至线体投料点，并用牵引车将已经用完的物料空箱运回库区
智能物流模式	在总装物流中引入二维码导航AGV，运用智能化手段完成物流任务调配以及路径规划，精准地躲避路途中的障碍，实现取料、配送、放料、空箱运回的全流程自动化，提升物流效率和完成质量，从物流层面为生产提供牢固保障

（5）智能立体库

总装车间配备了智能立体库，可自动化完成拆垛、入库、拣选、出库、上线等全流程操作，在行业内具有开创性意义。

智能立体库有两个机器人分别负责拆垛和入库出库。拆垛机器人运用了3D视觉技术和柔性拆垛夹具，能够通过自主学习适应各种场景和操作对象，包括不同型号和各种码垛方式的周转箱，并在工作效率方面达到了较高水平，平均每箱的拆垛时间在14s。入库出库机器人由系统控制，平均每小时能够完成120箱货物的入库出库操作。

（6）智能分拣机器人

分拣环节的智能化是汽车行业智能物流建设的难点，分拣包括SPS（零件分拣系统）及人工拣选。配备智能分拣机器人，运用视觉识别技术，从搬运、升降、空箱满箱交换等环节入手，实现分拣的自动化，具体操作如下：

- 在MES和分拣机器人的作用下，PLC可完成交互，此时分拣机器人将接收生产信息并据此展开作业，作业过程中机器人受到PLC控制。
- 运用视觉设备建立零件的数据模型，在抓取零件时，视觉设备通过摄像的方式完成零件的识别，为分拣机器人提供零件信息。机器人根据识别信息调节抓手位置，精准地完成零件抓取操作，并将其置于SPS小车。

· 在SPS流利货架上安装气缸及光电传感器，运用视觉系统观测零件箱，判断零件抓取情况。如果箱内所有的零件都已抓取完毕，则控制气缸将空箱放回，并再次放置满箱。气缸通过上下运动完成空满交换操作，这个过程中光电传感器的作用是判断零件箱是否已到达指定位置。

2.2.5 生产全流程实时监控

该车企参考西门子的智能制造方案，同时结合自身需求研发出企业专用的MES。该系统引入了SCADA系统，通过数据整合确立集成管理模式，贯通质量、物流、工艺等各个环节，基于实时数据交互监控全流程运行情况，实现质量管控、订单跟踪等多项功能。

MES配备有追溯模块，可在分总成件的层次上贯彻精益生产的要求，打通各层级系统间的信息，并通过添加标识的方式完成单个分总成件的信息识别，实现生产过程数据的精细化管理，以便于开展过程追溯。MES收集并分析分总成层面的工艺数据，以指导智能装配定位，提高定位的精确度。MES的生产实时监控覆盖从工厂到工位的各个级别，具体分析如下。

（1）生产状态整体监控

MES有助于提升柔性制造能力，通过生产进度、生产质量等各项数据呈现整体的生产状态，帮助企业对生产实施针对性调整，促进生产的高效稳定运转。

MES的生产状态监控能够提升生产的透明度，将生产的实时状况清晰地呈现给管理者，监控画面将显示在集中监控室的客户端。MES提供的信息在企业的各个层级之间充分流通，打通决策、管理、操作各个环节，实现更有效的生产管控，切实提高生产决策水平。

（2）车间级监控

MES借助RFID及安装于线体的编码器获取在产车辆的实时定位信息，并上传至线体Andon显示屏，车间管理人员可据此掌握在制品的状况，并按照精益生产的目标实施车间生产优化，改进总装生产计划，调节各单元和各环节的生产节拍。此外，MES还可提供车间停线的相关信息，确保维修的及时性。当车间出现特殊状况且必须采取跨车间处理的方式时，通过启动Andon的异常管理发送请求，而后负责处理问题的部门将通过部门的Andon显示屏接收到请求信息。

（3）线体级监控

MES能够实时监控生产区域，呈现生产区域的各项信息，包括设备运行、产品质量、呼叫、单位时间工作量、停线时间等，反映实时生产状态，而且线体监控信息将以通知、画面等形式传送至操作班组长处，班组长可据此采取生产管控措施。

（4）工位级监控

在工位配备Andon软屏幕，有问题或异常情况需要反馈时，工作人员可通过屏幕发出呼叫。与传统的实体按钮相比，软屏幕的维护成本更低，能够迅速而精准地将呼叫信息推送至负责人处，确保现场的问题和异常情况尽快得到解决，降低正常生产受到的影响，此外，借助软屏幕也能够完成跨车间信息推送。

2.3 运维数字化

2.3.1 智能质量检测系统

智能质量检测系统是企业数字化运维的关键组成部分，比如该企业采用了焊点质量智能预测系统进行车辆焊接质量的把控。

传统焊点质量检测方法往往运用超声波检测、涡流在线、人工破解等手段评估焊点质量。但上述方法的产品覆盖能力较差，无法保证检验的饱和度，且焊接参数和质量数据难以同步，质量问题的后置处理往往会产生大量的不必要成本。

该系统借助智能仪表实现温度、水流量、振动、电流、电压等参数的采集，并将所采集的数据同步至系统，与焊点质量测量数据一起接受分析，共同作为大模型训练材料，最终洞察出焊接参数与质量数据的关联规律，打造焊接质量智能预测数据模型。

焊点质量智能预测系统通过焊接参数和质量数据的绑定打造焊接质量智能预测数据模型，能够通过参数的标准化控制保证焊丝直径、电弧电压、气体流量等质量指标符合要求，及时进行不规范生产行为的纠正，实现前向品控，从而提升焊点质量预测的智能化程度，有效打造集数据采集、云端传输、大数据分析、智能预测等步骤为一体的预测链，同时推行车辆焊接质量独立建档，以为后期质量追踪提供依据。

此外，系统还可以收集焊接参数和焊接质量的相关数据并归类整理，与对应的质量问题一起形成企业的问题样本库。基于焊接质量智能预测数据模型和企业问题样本库，企业在后续进行新产品开发时，便可以快速地根据车坯参数（如车身位置、板厚等信息）匹配到合适的焊接参数，从而节省了焊接参数计算时间，提高了焊接效率。

2.3.2 设备状态监测系统

随着设备自动化程度的提升，其设备结构的综合性、交叉性也越来越强，因此需要采用更加高效、可靠的设备管理方式。故障检测与健康管理（prognostics and health management，PHM）系统作为智能制造的重要一环，在AI（人工智能）大模型与大数据分析处理技术的支撑下，能够进行自动化设备的数据监控与健康预测，进一步提升设备管理的精细化程度与问题响应能力。

相较于传统的人工排查预防故障方式，PHM系统能够充分发挥数据的信息传递作用。使用设备自带的检测传感器收集生产中的设备运行数据，并预设各项参数的正常运行阈值，当实际参数脱离阈值范围时，系统将第一时间进行告警，从而既提高了排查效率，节省了人工成本，同时也提升了故障响应的灵敏度，避免了损失扩大，提升了设备的使用寿命。

诸如PHM系统等设备状态监测系统的数据来源包括底层传感器的采集数据、其他协议方式下形成的数据传输等，且数据涵盖多个生产维度，能够实现对关键设备的全方位实时监控。此类设备状态监测系统通常支持多个终端显示，工作人员可以通过网页浏览器、微信小程序等随时掌握设备动态，提升了设备监测的便捷性。而且，系统会将服务数据和诊断数据及其分析结果生成报告，维护人员可以对报告进行上传、查看、下载等操作，根据需要进行管理。

2.3.3 VR培训和AR远程设备运维系统

（1）VR（虚拟现实）培训系统

在头戴沉浸式VR设备的支持下，VR培训系统能够在总装生产培训中模拟真实的生产组装场景，再现各个组装环节，让参与培训的人员通过无限接近于亲身实践的感知体验快速将产线、产品、装配工艺乃至上下游工作的相关知识内化为自身的知识体系，在系统的引导下快速掌握相关知识，提高培训的效率和质量。

该系统主要用于车辆总装线的人工操作培训和保养维修培训，将虚拟三维环境与感官渲染相结合，构建起理论知识与场景实践之间的桥梁，帮助参训人员快速实现知识的迁移与运用，提高对实际生产环境的适应性。

培训系统所提供的虚拟环境具有较强的人员覆盖能力，允许多人协同操作培训，在提供汽车产线装配练习及虚拟培训服务时还能开放系统供其他人员观摩学习，能够满足多级别人员培训的需要。在VR手段的支撑下，参训人员能够查看设备360°全角度的外观结构图、内部结构剖面图，设备的关键部位会提供详细的参数标注，从而更加全面、清晰、直观地理解设备构造和产线运作原理，提升对工位任务、工作步骤和核心生产指标的认知能力。

（2）AR（增强现实）远程设备运维系统

AR远程设备运维系统能够为产品的生产制造提供更加智能、更加精细化的指导，将二维的产品工图转化为三维的立体动态工艺模型，提升生产计划的可理解性。在AR技术的支撑下，即使使用者在专业知识和生产经验方面有所欠缺，也能完成高质量的现场维护作业。比如，借助智能眼镜，关键零件可以被突出显示，操作者只需跟随计算机指导即可完成安装，从而既缩短了组装周期，又提高了生产安全性。

此外，AR远程设备运维系统还预留了4S维修支持接口，当设备出现故障时，在系统的支持下即可实现对设备的远程调试，极大提升了维修效率，降低了维修成本。

2.4 国内“灯塔工厂”的典型案例

“灯塔工厂”由世界经济论坛和麦肯锡管理咨询公司合作遴选，能够代表智能制造的前沿趋势，是制造业数字化水平的标杆，也是“世界上最先进的工厂”。可以说，“灯塔工厂”是全球生产力创新的代表，通过大规模运用工业物联网（IIoT）、大数据分析、5G等先进技术，显著提升了企业管理水平，实现了业务流程的有效优化，并面对市场需求变化展现出良好的适应性，符合绿色发展的要求。

2.4.1 三一重工18号工厂

三一重工是国内工程机械领域第一家入围“灯塔工厂”的企业。作为离散型制造企业，三一重工生产品种多，长期以来一直面临如何有效提升生产效率和质量、控制生产成本的问题。数字化时代到来后，三一重工引入数字孪生、人工智能、工业物联网等技术，形成柔性生产模式，不仅有效提升了产能和生产率，也使得单位制造成本大幅下降。

（1）体系架构

在体系架构方面，三一重工18号工厂整合了产品设计、工艺、工厂规划、生产、交付各个环节，打造出完整的核心流程，基于数字化技术和工业设计软件实施生产管理，如图2-4所示。

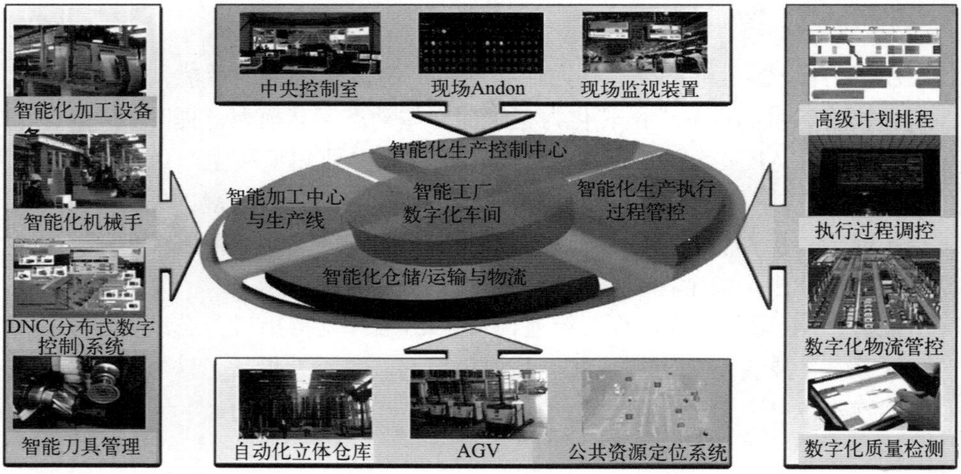

图2-4 三一重工18号工厂的体系架构

在具体的工业生产中，加强各车间的协作，实时监测生产质量，确保生产计划得到充分执行，提高物流运转效率；通过混流生产增强生产柔性，统一管理人员、资金、物料、信息等生产过程中的各项资源；采用自动化、智能化设备，在生产要素间建立连通，促进部门间的有效协作，推动应用的集成化。

（2）部署实施

① 工业物联网与智能产线。数字化改革后，企业采用自动化设备代替人工从事生产，大幅提升了生产效率。具体部署逻辑为：引入工业物联网，构建工业网络平台，收集设备、管理等生产现场数据以及外部数据，并通过人工智能进行数据分析，完成生产过程的数字化建模，管理生产流程，监测生产质量，提升产线的智能化水平和运转效率。

② MES和ERP无缝集成。通过集成MES（制造执行系统）与ERP（企业资源计划），实现接收订单、生产、交付、售后服务等各个环节的信息化，使客户能够随时了解到生产现场的情况并提出要求，由此企业得以实现定制化生产，从而更加精准地满足客户需求。除产品生产维度的变革之外，用户体验也得到了极大提升，购买设备的客户也可通过信息化系统查看生产进度，必要时可以提醒工厂加快生产速度。

③ 生产控制中心。生产控制中心（product control center，PCC）可收集人员、设备、物料等各方信息，同时集成ERP、MES、PDM（产品数据管理）等各个系统，以对生产过程实施有效管理，按照既定进度完成生产计划。

（3）关键技术

① 基于三维仿真的数字化规划。企业建立工艺流程的三维仿真模型，模拟生产运转的情况，据此调整生产方案。针对不同的问题构建相应的仿真模型，规划的仿真模型可用于分析产能，提升生产系统在市场需求面前的适应性；装配计划的仿真模型可分析生产节拍，制订合理的装配计划，提高资源利用效率。

② 公共资源精细化管理。公共资源定位系统运用了物联网技术，用于人员、物料、运输工具等各项生产资源的定位和调度，使资源得到更为充分的利用。针对不同类型的资源，该系统使用了WSN（无线传感器网络）、RFID、GPS（全球定位系统）等定位技术，以保证定位效果。此外，系统还可以用来管理基础设施，通过设施共用避免不必要的建设，节省建设成本。

③ 智能化立体仓库和物流运输系统。该系统根据生产需求拣选物料并暂时存放，而后通过AGV将物料运送至相应工位。根据不同类型物资的仓储需求，系统提供不同的仓储场所：大件或特殊物资的仓储场所为平面仓库，中小件物资的仓储场所为自动化立体仓库，小件物资的仓储场所为垂直升降库。

④ SPC质量在线检测与分析。通过整合MES、产品供应规范、CSM（客户满意管理）、QIS（质量信息系统）等多个系统，实现了质量检验的数字化升级。在质检过程中，工作人员使用平板电脑和掌上电脑等便携式设备，就可以根据质检标准高效准确地完成质检。18号智能工厂在质检图形化和电子化方面取得了突出进展，电子化率已达100%，图形化率也超过了90%。

2.4.2 美的“灯塔工厂”

美的集团提出了“三个一代”的创新体系，即研究一代、储备一代、开发一代。企业的数字化建设涵盖研发、制造、采购等各个环节，建设完成了多家“灯塔工厂”，借助仿真技术模拟工厂建造、产品开发与生产，在投产前找出产品存在的问题和缺陷，降低试验性生产的成本。

美的集团的数字化运营卓有成效，以广州南沙家用空调工厂为例，经过数字化改造后，工厂的劳动生产效率显著提升，单位生产成本有效下降，另外订单交付期也较之前明显缩短。

（1）体系架构

美的“灯塔工厂”奉行精益生产的理念，着力提升生产运营的自动化和数字化水平，如图2-5所示。

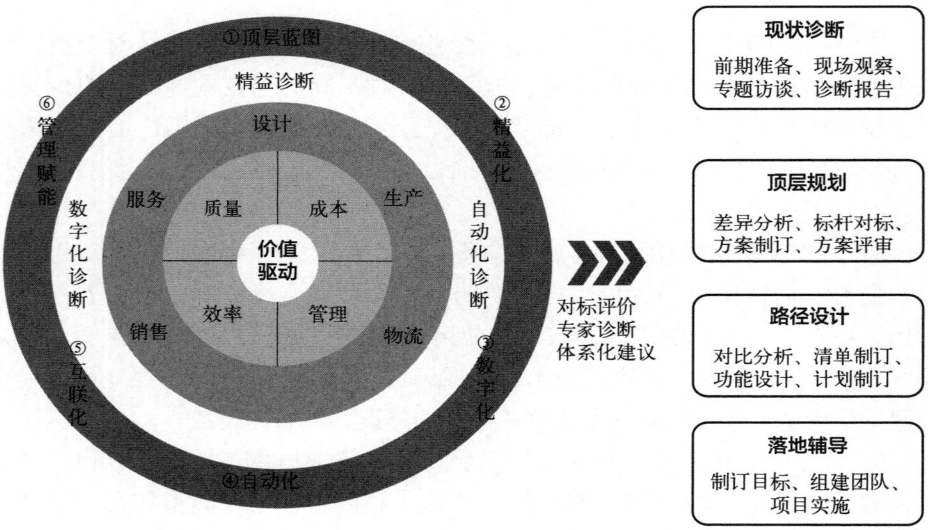

图2-5　美的“灯塔工厂”的建设思路

运用数字孪生技术建设中控运营指挥系统，围绕MES建设智能工厂，通过MES和SCADA系统的整合收集生产现场数据，实时掌握生产状况，借助DMS（数据库管理系统）及时发现并处理异常情况，确保生产的正常运转。推进智能制造的体系建设，集成MES、ERP、WMS（仓库管理系统）等系统，实现技术研发、原料采购、生产制造、质量管控等各个环节的数字化运行，构建端到端全价值链。

（2）部署实施

工厂的钣金车间实现了精益生产，能够高效高质量地完成冲压、焊接、喷涂等加工操作。车间通过APS（高级计划与排程）平台制订资源规划，以合理调配资源，促进资源的高效利用。

车间采用美的T+3智慧供应链（T为客户下单周期，T+1为生产准备周期，T+2为生产制造周期，T+3为物流配送周期），制订合理的排产计划，避免半成品占用过多库存，使产能得到充分利用。而在采购环节，工厂则借助SRM（供应商关系管理）寻找合适的供应商，参照工艺、材质等指标评估采购价格，并基于市场行情适时调整采购策略。

工厂采用“全价值链卓越工厂”框架，在有效控制成本的前提下实现精益自动化，使产品制造在特定的标准下进行，并在数字化技术的支持下整合自动化与信息技术，确立柔性生产模式，提升了采购效率和交付效率，降低了生产能耗和渠道库存，在制造综合效率方面也取得了显著进步。

（3）关键技术

工厂将数智化设备应用于物流配送、回收、质检等环节，大大解放了人力资源，同时提升了生产效率。以质检为例，QMS（质量管理系统）运用了5G、人工智能、机器视觉等技术，可实现产品质量的智能化监测和控制。

工厂的数字化已覆盖超过200项业务场景，具体包括：通过MES收集各项生产数据，实时监控生产过程；借助WMS实现物流自动化，包括发送物料补充信息以及物料配送；运用EMS（能源管理系统）收集并分析能耗数据，辅助能耗方面的决策；设备管理系统（英文缩写同为EMS）用于设备监控，检验参数的准确性，出现异常情况时及时发出预警，确保设备的安全运转。

“美擎”是美的推出的工业互联网品牌，主要功能有大数据分析、工业仿真、智能互联等。平台包含能力层、应用层、商业层、产业层4个层级：

- 能力层：提供工业大数据、工业互联网等各项功能，并与合作伙伴共享。
- 应用层：由研发、智能制造、管理、营销各个领域组成。
- 商业层：构建商业矩阵，开发模具、智慧物流等业务的商业潜质。
- 产业层：面向汽车、食品等产业推广工业互联网平台，与各行业内的企业合作完成平台建设。

美擎有力推动了美的业务的智能化转型，对国内企业工业互联网平台的构建和应用具有借鉴意义。

2.4.3 宝钢集团

宝武钢铁（以下简称宝钢）集团是国内唯一一家被选为“灯塔工厂”的钢铁

企业。在智慧制造方面，宝钢从自身流程型企业的性质出发，提倡“四个一律”原则，即“作业一律机器、操控一律集中、运维一律远程、服务一律上线”，并基于该原则打造出“智能装备+智能工厂+智慧互联”的智慧制造1.0架构，将人工智能和高级分析应用于生产规划、设备维护、质量检测、物流等环节。其作为传统制造业在数字化建设方面取得了突出成果，展现出对数字时代良好的适应能力。

（1）体系架构的主要模块

宝钢集团的体系架构由5个模块组成，分别是智慧计划、智慧生产、智慧设备管理、智慧质量管理、智慧物流，如表2-3所示。

表2-3　宝钢集团体系架构的主要模块

模块	要点
智慧计划模块	根据客户需求运用大数据自动制订生产计划，实现定制化生产
智慧生产模块	运用工业物联网技术进行智慧排产，节省生产成本，提高生产效率
智慧设备管理模块	通过智能化手段分析设备状态，确认设备是否存在问题和异常；同时还可以对设备采取预防性的维护措施，将5G技术应用于摄像头和安全帽等设备，对危险系数较高的作业实施监控，保障生产的安全性
智慧质量管理模块	在质量检测中引入人工智能技术，借助深度学习识别产品表面的质量缺陷，实现高效高精度识别
智慧物流模块	可自动制订物流规划，实时跟踪物流状态并执行相关操作，节省物流成本，促进物流的高效运转

（2）部署实施

宝钢注重数据采集以及数据间的联通，在此基础上构建符合“纵向到底、横向到边、端到端集成”要求的制造系统，着眼于研发、制造、营销等主要经营环节，推动企业沿数字化和智能化方向完成转型，实现全局层面的智能化管理，促进企业资源合理配置，提升生产效率和决策水平。

具体而言，宝钢从公司、基地、工厂三个层面入手推动智能化管理：

- 公司层面：采用双中台建设方案，运用信息化技术建设经营中心、营销中心、采购中心、研发中心、运行中心，覆盖公司核心业务流程，加强公司各基地间的联通，推进集成化管理。
- 基地层面：建设智慧物流、智慧质量、智慧设备、智慧能环、智慧安保，促进各环节的协同，提高各环节的管理水平和效率。
- 工厂层面：实现各工序的智能化，包括智能炼铁、智能炼钢、智能热轧、智能厚板、智能冷轧等，坚持“四个一律”原则，减少产线的人工参与，提升生产的自动化水平。

（3）关键技术

① 工业机器人。在“四个一律”原则的指导下，宝钢完成了大范围内机器对人力的替代，每条产线只有极少量的工人负责检视工作，其他工作均由机器人承担，工作人员在操纵室对机器人实施远程操控。在部分危险系数较高、难度较大的工作上，机器代人的积极效果得到了尤为充分的体现，有效保护了工人的安全，同时提升了生产效率。

② 人工智能。宝钢运用人工智能提高设备管理的质量和效率。以往的设备运维管理由设备管理人员根据自身经验知识判断设备状态，完成设备的诊断；人工智能可以构建起设备管理相关的规则和模型，采用智能化的方式进行设备管理。在人工智能的作用下，设备状态分析及问题诊断的效率和准确性得到显著提升，维修计划的制订更有针对性，能够更好地满足生产计划的需要，在节省维修成本的同时降低维修活动对正常生产造成的影响。

③ 大数据。宝钢智慧制造大数据中心采用“云-边-端”的架构。“云”指基于云端数据节点构建业务中台，监控生产全流程，同时通过构建数据中台实现智能决策，提高决策水平。“边”指基于生产场景在边缘数据节点之间建立连接，用智能化方式管控产线运行，确认工序得到正确执行。“端”指将智能化装备作为端口推进智慧制造所需的基础设施建设。

采取“云+边”模式，能够融合智能化管控和数据服务，共享数据与功能，共同完成系统的构建，实现应用间的互联互通，从而充分发挥数据在决策过程中的作用，推动业务转型，更好地满足不同业务场景的实际需求。

2.4.4 发展建议

数字化和智能化技术的进步对智能制造提出了更高的要求，在这样的背景下诞生了智能工厂，“灯塔工厂”的案例可为智能工厂的建设提供借鉴。智能工厂需要将智能制造技术应用于车间、产线、装备各个层级，将生产现场的实物以及生产的运行过程映射到数字模型中，在大数据、人工智能等技术的帮助下，增强生产的柔性，以快速响应市场需求变化，同时提高生产的数字化和智能化水平，进而提升生产的效率和质量。

（1）系统推进，统筹实施

智能工厂的建设大致有两种路径，其遵循的逻辑不同，适用的范围也有差别，如图2-6所示。

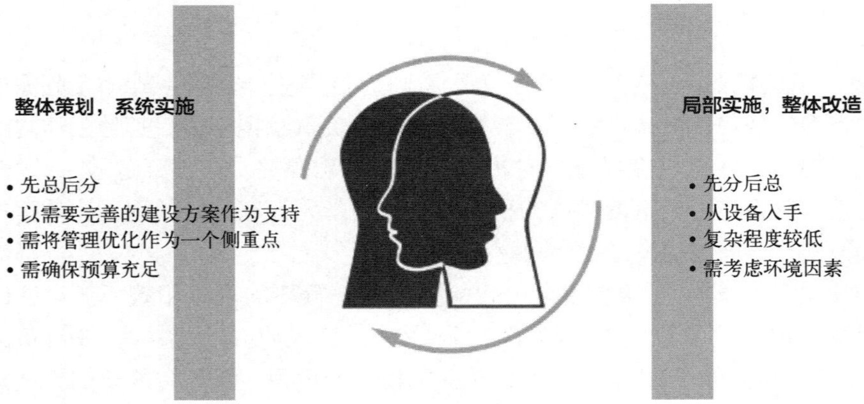

图2-6　智能工厂的两种主要建设路径

① 整体策划，系统实施。智能工厂的一种路径为先总后分，即在初步规划时确定工厂建设的总体目标、阶段性目标以及具体建设方案。该建设路径以需要完善的建设方案作为支持，以技术更新、产品优化为导向，从而提升生产质量，节省生产成本，确立柔性化生产模式，创造更高的经济收益。

采用该路径需将管理优化作为工厂建设的一个侧重点，并从实际需求出发进行通盘筹划。另外，选择此路径要确保预算充足，同时对于特殊行业的工厂建设要充分认识到其困难和挑战性，因为这类行业没有太多的历史经验可供参考。

② 局部实施，整体改造。先分后总是智能工厂建设的另一路径。该路径的智能化建设从设备这一最基本的生产单位入手，而后结合数字化和信息化应用，将智能化改造逐级扩展到加工单元、生产线以及生产车间，最终建成智能工厂。

与先总后分的路径相比，该路径的复杂程度较低，因为有现存的生产单元作为基础和参照，不过仍旧要解决技术应用和建设布局的问题。另外需要注意的是，实际建设过程中的种种环境因素，比如组织结构的变动等，都会对建设造成一定的影响，使建设进度和建设效果无法达到预期。

（2）统标统型，经验固化

① 打通壁垒，系统集成。系统集成是智能工厂建设的重点问题，常用的系统有ERP、MES、WMS、PDM等。在选择系统时，应将系统的兼容性作为重要的参考因素，底层设备的选用也是如此。而且，兼容性在很大程度上决定

了壁垒能否被成功打通，实现系统间数据的集成，数据集成将为数字孪生技术提供支撑，建立与物理实体相对应的虚拟模型。

② 对标一流，经验固化。学习智能制造标杆性企业的成功经验，在寻找对标企业时，可参照国际层面发布的“灯塔工厂”名单，以及国内发布的智能制造试点示范项目入围名单。从架构、技术、实现路径等方面入手，全方位分析对标企业，总结归纳其成功经验，完成经验的固化。而后组织本行业的专家和资深从业人士围绕经验开展讨论研究，结合行业情况制定智能制造的相关标准，指导智能工厂的建设。

（3）优化管理，技术赋能

① 系统梳理，厘清短板。智能工厂建设需要持续优化，不断提高技术水平，且要遵循智能制造的“三不要”原则，即“不要在落后的工艺基础上搞自动化，不要在落后的管理基础上搞信息化，不要在不具备数字化网络化基础时搞智能化”。智能工厂的建设实践应坚持这一原则，找出产量、质量、安全等方面存在的不足之处，开展针对性的技术研发，达到补足短板、突破瓶颈的目的，强化智能制造能力。

② 降本增效，机器换人。近年来，人力成本的上涨给企业带来了成本方面的压力，采用机器换人的方案可以帮助企业节省运营成本，提高生产效率和质量稳定性，同时保障工人的人身安全。智能工厂的核心在于自动化、智能化，因此机器换人便成为智能工厂建设的必要举措。相较于人力，机器人的优势在于可以长时间地连续运转，并且能够更好地应对危险系数大的工作，机器换人可以促进工厂生产的安全高效，在单位时间内创造更高的效益。

③ 优化管理，技术赋能。智能工厂是一项融合了多种智能制造技术的系统工程，需要完善的组织管理结构来保障系统的有序运转，需要运用技术为组织管理赋能，驱动管理优化。比如，借助数字孪生将管理流程映射到虚拟空间中，掌握管理服务的实时状态，采取针对性的调整措施；利用泛在技术的数据感知能力，收集并整合底层数据，为运营管理提供数据支撑；发挥人工智能在决策过程中的作用，提升决策水平和运营能力。高质量的组织管理将强化智能工厂的建设效果，提高工厂的实际收益。

第3章 业务系统架构

3.1 MES：制造执行系统

3.1.1 基于MES的智能工厂

随着科学技术的不断发展，世界各国陆续制定相关战略支持工业制造发展，不断提升工业制造的自动化、网络化、数字化和智能化程度，积极建设智能工厂。对工业制造领域的企业来说，各类信息技术的融合和应用有助于优化生产流程中的各个环节，如产品研发、生产制造、物流运输等；也可以在一定程度上革新生产工艺，提高生产流程的可控性；还可以为建设节能环保、环境友好型工厂提供强有力的支持。

智能化设备和信息化系统是我国建设智能工厂过程中不可或缺的工具，也是我国进一步提升工业管理的信息化和自动化水平的重要支撑。其中，MES（manufacturing execution system，制造执行系统）是智能工厂业务系统架构的重要组成部分，有助于提升生产环节的可视化、透明化水平，便于车间进行高效管理。

（1）MES在生产管理中的价值

MES的总体架构主要包括三层结构，分别为智能互感互联层、智能制造执行层和ERP层，如图3-1所示。

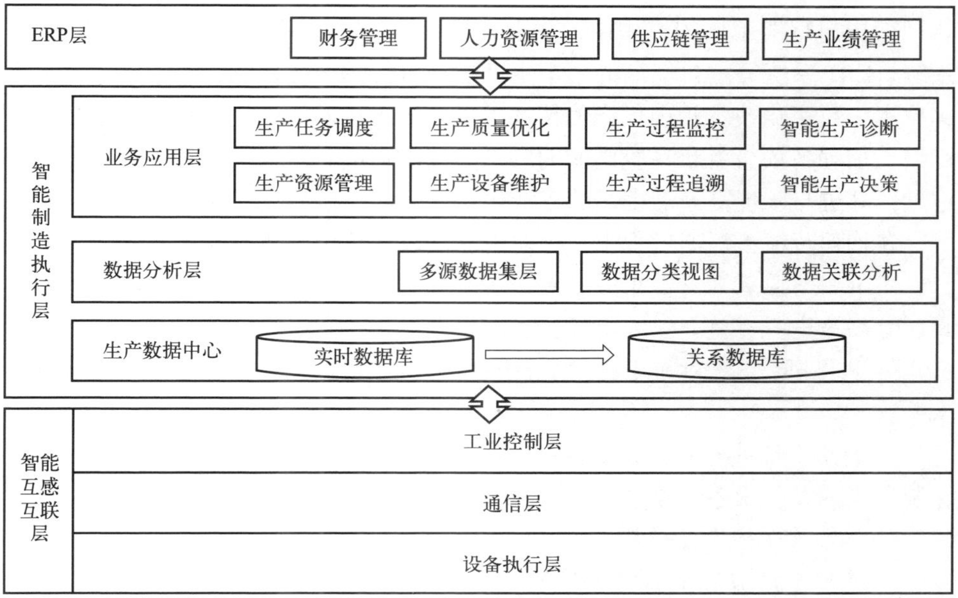

图3-1　智能工厂MES的总体架构

具体来说，MES通过集成RFID、传感器、条码采集器等设备，能够实时采集生产过程中产生的数据，并基于对相关数据的分析，对车间生产相关的生产工艺、生产流程、生产设施、加工物料、作业人员等进行监控和控制，从而实现设备管理、生产调度、工艺派单、质量控制等功能，达到优化生产计划、降低运营成本、提高生产效率的目的。由此可见，MES面向的是车间执行层生产的信息化管理，在智能工厂中发挥着十分重要的作用：

- MES可以将工厂订单自动下发到生产车间中，并根据实际情况进行科学合理排产，提高物料检测、出厂检验、零部件转运、产成品转运和发货等各项工作的效率；
- MES可以实时采集和存储各项生产数据，并充分保证生产过程中各项数据信息的准确性、可靠性和有效性；
- MES可以广泛采集生产需求信息，并在此基础上深入分析生产过程中的各项数据信息，在数据层面为管理人员的管理和决策提供依据。

总而言之，MES在工厂生产管理中发挥着至关重要的作用，其在智能工厂中的应用既有助于提升产品的生产效率和生产质量，降低生产成本；也能够在一定程度上强化技术支持和管理支撑，提升工业生产的精细化程度，加快智能工厂建设速度。

（2）基于MES的智能工厂方案

在构建智能工厂的过程中，企业需要以MES为基础，同时综合运用PDM系统、ERP系统等，对产品的整个生产过程进行数字化控制；并充分发挥智能化技术、数字化技术和现代通信技术等多种先进技术的作用，打造柔性化的生产线，加强各项设备和系统之间的联系；同时借助各项通信手段提升资源配置速度，并进一步提高产品生产的集成化、透明化、自动化和智能化程度。

在构建智能工厂的过程中，企业可以从以下几个方面入手：

- 将MES应用到产品生产过程的各个环节当中，对制造、调度、设备、质量和计划等进行有效管理和闭环控制。
- 利用ERP系统对成本、供应链和物流等进行优化，提升企业的经营管理水平。
- 利用PDM系统集成管理各项产品数据，并综合运用三维建模、数字化设计制造等各项技术手段模拟和测试产品的制造过程，找出整个制造过程中存在的不足之处并进行优化升级。
- 连通生产流程中的各个环节，同时充分发挥MES和ERP系统的作用，提高两个系统之间的协同性，并集中呈现产品生产制造过程中的各项相关信息。

· 构建技术防护体系和安全保护系统，制定信息安全管理制度，提升产品生产流程在应急响应和网络防护方面的能力，并充分发挥全生命周期方法的作用，确保系统可以有效运行。

融合了MES的智能工厂可以在一定程度上提升信息技术与智能设备之间的协同性，综合运用这两项工具促进数据流、资金流、信息流互相连通、互相协调，进一步提升整个产品生产流程运转的流畅性和高效性。

对企业来说，可以从以上任一方面入手对工厂进行升级，优化生产流程中的各个环节，提高工艺流程的精细化程度和效率，保证产品生产质量，并促进物流与其他各环节之间的协同，推动各环节走向智能化。

3.1.2 MES功能与应用场景

在工厂生产管理方面，MES的应用可以支撑工厂以自动化、智能化的方式完成产品生产、质量检测和指令执行等工作，降低各环节对人力的需求，减少生产管理成本支出。具体来说，MES在生产管理中的应用主要涉及对生产计划、生产库存、生产过程、生产监控和生产质量五个方面的自动化、智能化管理，如图3-2所示。

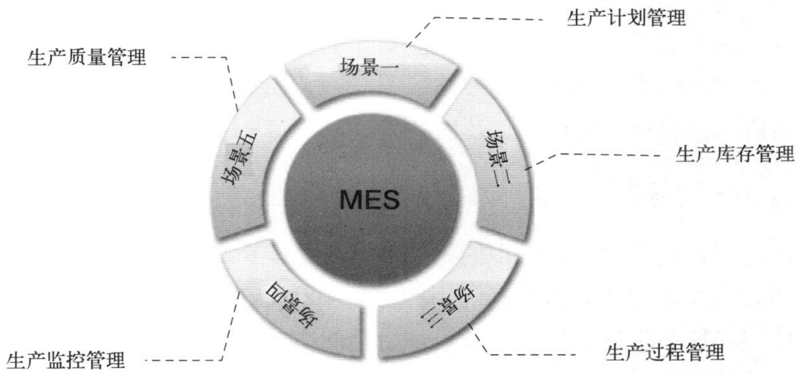

图3-2 MES在生产管理中的主要应用场景

（1）生产计划管理

生产计划管理指的是对整个生产过程的管理，涉及设备、人力、资金、原材料等资源的输入和生产转换、产品输出等多个环节，能够直接影响到工厂的生产效率和产能。为了保证产品的质量和交付及时性，企业应充分认识到生产计划管理的重要性，加强对生产过程中的各个环节的管理，优化排产顺序，提高各环节的效率和准确性，并按部就班地落实生产计划，防止出现工期延长等情况。

从作用过程上来看，当工厂接收到产品订单后，将会开启MES，利用MES来监控、规划和统筹整个生产流程中的所有环节，充分把握产品库存、实时生产进度、订单交付时间等各项相关信息，存储已完成订单的相关数据，为相关管理人员全方位掌控实际生产情况提供方便。在管理各项生产任务的过程中，MES可以自主完成从订单接收到产品交付这一过程中的各项工作，不需要人工的参与，且能够有效提升产品的生产效率、订单数据的准确性和订单更新的及时性。

（2）生产库存管理

生产库存管理指的是对原材料、零部件和产品等物资的管理，主要涉及生产、订购、销售和存储等环节，能够在一定程度上影响各项生产活动的有序性和工厂运转的高效性。MES的应用可以广泛采集各项有效数据，工厂的相关管理人员可以通过MES来查询各项物资投入生产的历史记录，并在此基础上进行库存清点，充分掌握物资和成品库存情况；同时及时进行调货和补货，防止出现因缺货而影响供应链运行的情况，确保生产流程的顺畅性，充分保障产品的生产质量。

具体来说，MES具有零部件记录功能，能够记录各项零部件的进货渠道和补货周期等信息，并根据各类物料的历史使用情况设置相应的库存物料警戒线，当某种物料的库存量降至警戒线以下时，MES则会自动向工厂采购系统发送补货信息，提醒相关工作人员及时补货。

（3）生产过程管理

生产过程管理是生产控制中的重要环节，能够影响工业生产的能源损耗情况。MES的应用可以实现对生产过程的监测和对生产任务的分解，并从生产过程中可能存在的各类情况出发，以科学合理的方式规划生产工序，保证人力与设备之间的协调性，减少生产时间和成品浪费，进而达到提升产能和生产效率的效果。

（4）生产监控管理

生产监控管理指的是对各项生产要素的监管，如机、法、料、人等。监管的有效性可以在一定程度上影响产品的生产效率和质量合格率。

MES的应用可以对各项设备和生产流程进行监测，并在发现异常情况时及时发出报警信号，向相关工作人员实时反馈监测情况，以便及时安排相关维修人员对设备问题进行处理。与此同时，分布式数字控制技术也可以广泛采集各个生产过程各环节中的各项相关数据，并监测设备运行情况，确保各项设备被充分利用。

（5）生产质量管理

生产质量管理指的是全方位管控产品整个生产周期中的所有工序。比如，汽车产品的生产质量关乎客户的人身安全，若工厂未能实现有效的生产质量管理，则可能会出现低质量产品，进而影响到车辆驾乘人员的生命及财产安全。MES具备质量管理功能，能够对产品生产过程中的各项工序进行检验，确保工厂所交付的产品符合各项质量要求。

具体来说，工厂向客户交付的所有产品都具备独一无二的编码，该编码中包含产品在整个生产过程中的各项相关数据信息。相关人员可以通过该编码了解产品的生产合格情况，工厂也可以借此了解设备运行情况，及时保养和维护设备，保证产品生产合格率，同时也可以进一步加强质量把关，避免出现残次品流入市场的情况。

综上所述，MES可以采集、整合、共享和利用各项工厂数据和信息资源，提高数据信息管理的高效性和协同性，为工厂管理层的决策和经济建设提供强有力的支持。近年来，互联网、大数据等数字化、智能化技术飞速发展，并逐渐被广泛应用到各个领域当中，MES可以借助这些先进技术进一步优化生产工艺，完善生产流程，同时连接起各个生产控制系统和管理软件，帮助工厂加强对各项设备的统一管理，并进一步实现对整个生产过程的全方位管理。

3.1.3 MES实施流程与要点

在制造业中，MES已经成为提升生产效率、优化资源配置和确保产品质量的关键工具。然而，由于MES的复杂性，成功实施并发挥其最大效益需要基于一系列步骤。下面我们简单分析MES成功实施的九大关键步骤，以帮助企业顺利实现数字化转型，如图3-3所示。

·步骤1：精准选型，量身定制

首先，企业需要根据自身的生产特点、需求和规模，选择适合的MES。如今市场上存在众多的MES，功能各异，价格也有很大差异。因此，精准选型至关重要。中小型企业应避免盲目追求功能齐全的系统，以免增加不必要的投资和维护成本。选型时，应重点考虑系统的稳定性、易用性以及与现有系统的兼容性。

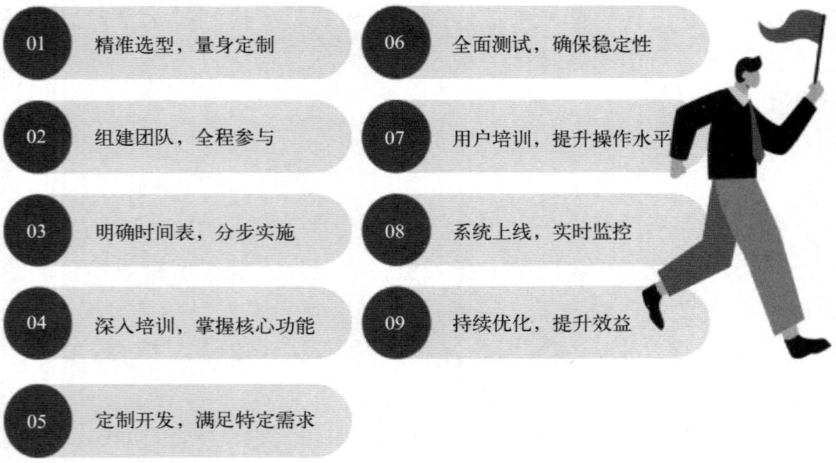

图3-3 MES实施流程（步骤）

·步骤2：组建团队，全程参与

MES的引入和实施需要一支专业团队的支持。这支团队应由生产管理部门的骨干和技术人员组成，全程参与项目的规划、实施和维护。他们的作用不仅限于提供需求和建议，还需要熟悉系统的管理和操作方式，以便在系统上线后能够顺利推广并解决使用中的问题。

·步骤3：明确时间表，分步实施

引入MES是一个长期的过程，需要明确的时间表和分阶段的任务规划。一般来说，MES的引入可以分为准备、实施、测试和上线等阶段。每个阶段都需要具体的时间安排和任务分配，以确保项目能够按计划顺利进行。

·步骤4：深入培训，掌握核心功能

MES的核心功能是其能够为企业带来的实际价值所在。因此，在项目团队成立之后，应首先进行系统的核心功能培训。这包括对MES的基本架构、功能模块和操作方式的全面了解。通过培训，项目团队能够掌握系统的核心功能，为后续的实施工作打下坚实的基础。

·步骤5：定制开发，满足特定需求

虽然MES具有通用性，但每个企业的生产流程和业务需求都是独特的。因此，根据企业的实际需求进行定制开发是必不可少的步骤。定制开发包括系统界面、数据报表、工艺流程等方面的调整和优化，以满足企业的特定需求。

·步骤6：全面测试，确保稳定性

在定制开发完成后，进行全面的系统测试是确保MES稳定性和可靠性的关键步骤。测试内容包括功能测试、性能测试、安全测试等，以确保系统在实际应用中能够稳定运行，满足企业的生产需求。

· 步骤7：用户培训，提升操作水平

MES的成功实施不仅取决于系统的稳定性，还取决于用户的使用水平。因此，对用户进行全面的培训是至关重要的。培训内容包括系统操作、数据录入、报表生成等方面，旨在提升用户的操作水平和系统使用效率。

· 步骤8：系统上线，实时监控

在完成用户培训后，MES正式上线。在上线初期，应实时监控系统的运行状态和数据质量，及时发现并解决问题。同时，还应建立系统的维护和更新机制，确保系统的持续稳定运行。

· 步骤9：持续优化，提升效益

MES的引入并不是一劳永逸的。随着企业业务的发展和变化，系统也需要不断进行优化和升级。因此在系统上线后，企业应持续关注系统的运行状况和使用反馈，及时进行优化和改进，不断提升系统的效益和价值。

3.2 WMS：仓库管理系统

3.2.1 WMS的功能模块

WMS（warehouse management system，仓库管理系统）的主要设计目的是保证仓储操作的自动化进行与合理合规，该系统在开发过程中对行业内海量的专业数据进行沉淀和学习，因此具有良好的自主性与适应性，在订单跟踪、订单采购、仓储综合管理等方面发挥着重要作用。

基于计算机控制的仓库管理系统能够实现仓储的无人化管理，智能执行各项管理操作，如收货入库、指定地点存货、货物管理、订单处理、分拣配送等。对仓储执行的优化和智能化管理是WMS的工作核心，其功能由这一工作核心辐射至运输配送计划生成、对接上下游供应商与客户等多项任务领域，从而帮助仓储企业、配送中心和生产企业拥有更强的产品、货物集散能力，缩短货物流转周期，简化仓储管理环节，从而降低仓储成本，优化客户合作体验，建立起企业的比较优势。

WMS通常包括以下功能模块：基本信息管理、上架管理、拣选管理、库存管理等。

WMS不仅可以通过后台服务程序系统对同一用户的不同订单进行整合，从而进行集中统一管理；还能对以亮灯拣选（pick to light，PTL）纸箱标签以及RF

（射频）为基础的拣选、盘点、补货、移库等操作进行一键管理，同时接收来自终端PC（个人计算机）、RF、PTL的实时反馈数据。整个软件业务与企业仓储物流管理各环节一一对应，能够在任何时间结合需要对库存商品进行控制。

以下是WMS各基本模块所对应功能的介绍。

（1）基本信息管理

该环节是实现仓储智能化管理的基础，系统除了能够对产品名称、数量与相关参数、生产信息（厂家、批号、时间）、使用期限以及外包装等信息进行识别录入，还具有货位管理功能，能够通过数字编码将货位在系统数据库中进行备案，从而实现对产品的轨迹和状态的高效管理，便于在出入库环节对产品进行定位与查找。

（2）上架管理

系统采取机器与人工相结合的方式进行上架管理，在系统运算求解的基础上进行人工货位调整，并实时对货位使用状态生成相应的显示图。此外，遵循仓储空间最大程度利用的原则进行货品的上架安排，根据订单优先度进行排序，如遇特殊货品，操作人员则可在调整后将变动信息录入系统即可。

（3）拣选管理

拣选指令主要由坐标信息与最佳移动路径组成，通过对货位布局和目标拣选物品进行计算分析，系统将自动结合任务要求在RF终端显示界面对物品进行定位，并拟合出一条串联所有产品所在货架位置的路径，减少来回梭巡找寻物品造成的时间和能量浪费，提升单位时间内的拣选密集度。

（4）库存管理

系统能够进行智能补货，通过对货位空闲数据、出入库数据和需求数据的融合分析，智能补货算法能够进行自动补货，既保证拣选面的产品饱和度，避免多次拣选；同时也进一步提升了仓储空间使用率，避免同一货位的长时间空闲。通过对货位的实时监测与数据逻辑细分，系统能够实现对同一货位的衔接使用，提升空间利用率与控制的颗粒度。

3.2.2 WMS的应用价值

对于制造业而言，随着生产的扩张，基础物料呈现出种类多样化、规模扩大化的特点，这进一步提升了仓储管理作业的交叉度和立体度，使得传统的人工仓储管理模式无法满足企业发展新背景下的库存管理需要。此时亟须引入具有多线任务管理能力、能够进行多元物料精确管理的智能化仓储（仓库）管理系统，以保证仓储管理能够支撑企业的大规模生产，提升企业的资源利用率。这种情况下，仓储管理系统更是承担着托举企业生产的重要任务。

常见的仓储管理系统（WMS）通过物料的出入库、结存等活动实现物料的集中化管理，而对于工厂而言，WMS的应用价值具体体现在以下方面，如图3-4所示。

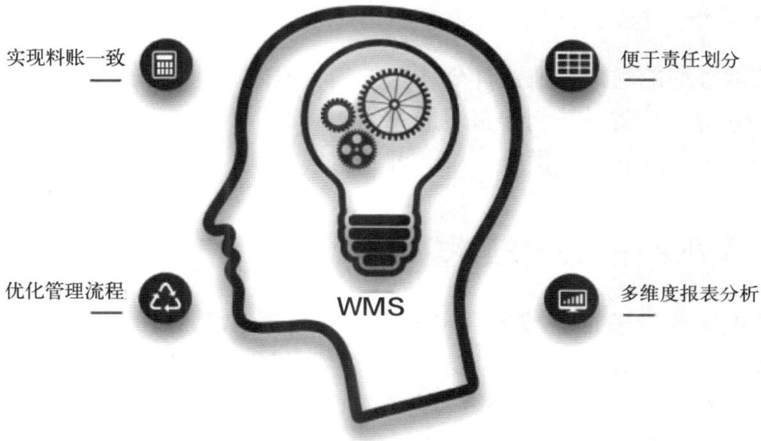

图3-4 WMS的应用价值

（1）实现料账一致

料账一致的本质目的是保证生产要求与生产物资的强对应性，这是生产质量有所保障的前提。要做到这一点，需要围绕物资数量与物资质量两项指标展开核验。通过仓库管理系统的数字化管理，能够将每一笔料账信息录入系统，管理人员可随时随地登录系统进行查询，避免多次下单，方便物料采购和出入库过程中的信息核查，同时当物料出现问题时能够及时发现，并为内控和事后审计提供依据。

（2）优化管理流程

在传统的人工作业模式中，仓库管理的信息和环节涉及多个管理主体，流程烦琐复杂，机械性、重复性工作很多，工作失误率也居高不下。通过使用仓库管理系统，能够打通各个环节的信息壁垒，实现数据信息的共享与同步，减少重复工作。以入库为例，该工作不需要再进行多部门的审批与授权，直接一键即可完成登记、开单、统计、任务通知等多个子环节，从而解决了传统仓库管理“杂、多、忙、乱、错”的问题。

（3）便于责任划分

在仓库管理系统中，不同职能岗位的管理人员有着不同的操作权限，系统能够自动对不同环节所对应的管理人员进行记录，将责任落实到人，从而确保对系统问题的快速、精准响应，也进一步端正员工的工作态度。

（4）多维度报表分析

系统能够智能生成企业会计周期内的销售报表、采购报表等，并对报表进行可视化分析，节省手动制作报表的时间，同时提升报表信息的准确性和全面性，为相关工作的开展提供更为科学可靠的依据。

3.2.3　WMS的关键技术

企业的物流管理贯穿整条供应链的各个环节。WMS作为企业物流业务处理的重要子系统，具有良好的业务适应能力，硬件的模块化和软件的兼容程度高，从而能够接入企业其他系统，实现企业内部的多系统协同。在多个子系统的彼此配合下，企业供应链实现了高效运作。

WMS架构包括物理架构和软件系统架构两方面。在B/S（浏览器/服务器）架构的支撑下，WMS能够借助网络与分布式计算机建立联系，从而实现多机互联。此外，在企业SCM模块的加持下，WMS能够发挥出强大的平台对接功能，提供更多需求对接的机会。

WMS不仅实现了对信息技术、条码技术、Web（万维网）技术、电子标签技术、无线射频技术、计算机应用技术等多项技术功能的合并，还实现了对仓储管理、Web、电子显示、无线扫描等一系列业务系统化的服务，从而加强了业务之间的衔接，提升了资源利用率，推动了系统的智能化、互联化发展。其中涉及的关键技术包括无线射频技术、语音拣选技术、自动识别技术等，如图3-5所示。

（1）自动识别技术

智能加料管理的实现需要以自动识别技术为前提，其基本逻辑是通过条码等建立一套独特的标识体系，通过对物料专属条码的识别快速实现物料的信息

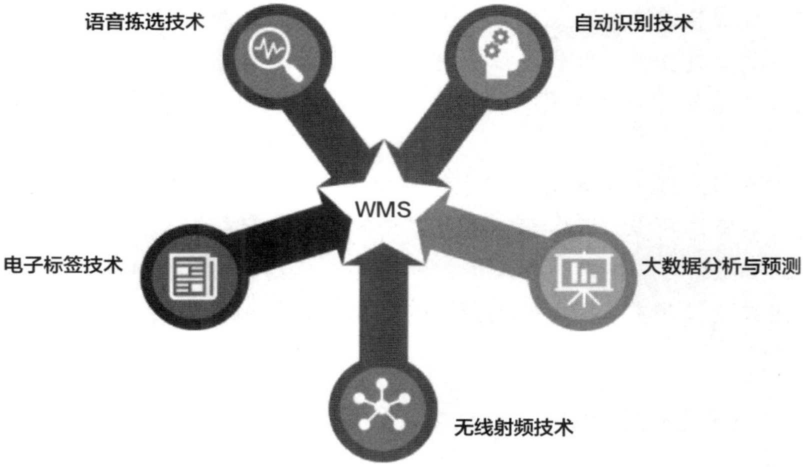

图3-5　WMS的关键技术

录入、状态跟踪、坐标确定等。这样，仓库管理人员在有需要时可以直接通过查询了解某一物料的具体信息，不再需要像以前一样在货架间巡梭查找，既提高了工作效率，也减轻了工作负担。此外，通过与机器人、无人机等设备相结合，自动识别技术能够实现货物的自动出入库与日常巡检，真正地实现了仓储管理的无人化。

（2）大数据分析与预测

在WMS中，数据是关键的信息载体。通过深度学习算法对仓储数据进行整合、存储和挖掘，能够获得全面的物品库存信息、历史销售情况等，并根据这些信息进一步对物品接下来的市场发展动态进行预测，从而为仓储管理人员提供科学可靠的决策依据。

比如，通过深度学习历史数据能够挖掘出物品的销售趋势，帮助管理人员更加深刻地洞察该物品的市场供需情况，从而制订出最合适的库存和补货方案，避免库存堆积造成仓储管理成本增加或因缺货造成生产和销售中断。此外，通过分析供应链数据，能够更好地进行物料中转点的选择，避免物料流转路径的回绕和折返，提升仓储利用率与物品集散效率。

（3）无线射频技术

无线射频技术是WMS建立的基础，仓储管理水平的提升很大程度上依赖于无线射频系统与智能决策、智能控制系统的深度融合。这主要是因为无线射频系统的即时信息读取、同步和处理能力能够搭建起物品实际信息与数字空间的桥梁，实现高效物联，从而满足WMS高效运作过程中实时性、精准性、动态性的需求。可以说，无线射频系统的应用代替了效率低下的人工状态核实与信息录入，通过“一物一码”的数据识别与同步体系，搭建起了WMS的底层框架。

实践证明，基于无线射频技术的WMS，既能够帮助企业实现物品实时数据的动态采集与同步，确保仓储管理系统的智能化运行；又能够进一步优化企业内部的资源整合与配置，实现价值最大化。作为一种非接触式的自动识别技术，无线射频识别能够实现多场景下的物品信息识别与读取，具有极强的适应性和灵活性。

（4）电子标签技术

电子标签即射频卡，也叫感应卡，能够存储多种信息。在需要出示相关信息的场景中，相应的信息读取设备能够借助无线电波获取卡内信息，从而无接触地完成物品信息的查验与登记。在实际场景中，贴有电子标签的物体在需要出示信息时只需进入识别器的检测范围内，即可将其全部数据同步并存储至读取设备当中，读取设备将其传给电脑进行下一步的处理。

（5）语音拣选技术

语音拣选技术是目前最前沿的无线拣选技术之一，能够极大解决传统纸质拣选和无线终端拣选存在的时间过长、准确率不足、确认速度过慢等问题，并能缩短拣选周期，降低拣选误差。

3.2.4 国内WMS的应用

WMS是仓储管理信息智能化、数字化的重要载体。目前，国内应用WMS的企业主要包括部分跨国公司和技术领先的国内企业，其应用的WMS以国外发展较完善的主流品牌为主。此外，国内开发的WMS也已经开始崭露头角，并在部分企业中投入应用。

从聚焦的业务环节来看，国内WMS的应用可以被分为以下几类。

（1）基于配送中心业务的WMS

此类系统在制造业或分销业的供应链管理中有着突出表现，是WMS中最典型的一类。处于供应链起始端和末端的供应类企业和销售类企业对于此类WMS应用较多，主要用于物流配送中心的各项业务开展。

北京医药股份有限公司应用的WMS，其功能覆盖了物资采购、库存与订单管理、拣选、审验、配送、RF终端管理、商品与货位基本信息管理等多个业务领域。通过万物互联与数据同步，系统进一步对库内管理进行优化，实现了流程之间的高效整合，从而不仅提升了配送效率，也使得订单响应能力进一步加强。

（2）基于作业技术的WMS

该类型系统主要用于各类自动化设备信息系统之间的统筹与集成。

以武钢第二热轧厂的生产物流信息系统为例，其应用的WMS通过数据同步与内部统筹实现了原材料库（钢坯）、半成品库（粗轧中厚板）与成品库（精轧薄板）等库房间的业务衔接，保障了作业的持续性，提升了单位时间内的业务饱和度，提高了资源利用效率。

该系统的工作难点在于物流系统与轧钢流水线上各自动化设备之间的衔接配合，使得库存能够基于生产线进行动态智能调整，从而实现生产线与库存操作业务之间的彼此渗透。

除了进行设备信息系统的集成外，WMS还需要进行工艺流程系统的统筹，并实现所整合系统对企业整体信息化系统的嵌入。该类系统的运行需要遵循一定的行业标准，在大型ERP系统中使用较多，已经成为其重要的子系统。

（3）基于企业经营决策的WMS

此类系统的特点在于其计费系统能够适应多种场景的需要，其核算系统具有极高的灵敏度与准确度，其客户管理系统能够实现对客户需求的全覆盖，从而更好地支撑起仓储经营的决策与控制。

以华润物流有限公司应用的润发仓库管理系统（WMS）为例，该系统适用于提供公仓仓储服务的企业，此类企业的业务特点为具有明显的技术趋同性，因此服务的精细化要求不高，用户覆盖面较广。在引入WMS后，企业的人工成本显著降低，内部的资源配置更加科学合理，利润空间得到了进一步的扩展。

（4）基于电商B2C（企业面向消费者）仓库管理的WMS

该类型系统侧重于仓库管理和配送管理的统一，即WMS+TMS（运输管理系统），其所用的存储策略以随机存储为主。此类WMS如果由国外厂商研发，由于在国内实施往往涉及中间环节，即研发与市场存在分离，因此难以满足用户的定制需求，且多数难以实现TMS和WMS的高效衔接。国内仓配一体化领域的模范有易邮递的E8-DMS，其在中国移动商城等多家国内电商企业中获得了良好的应用效果，真正实现了多项电商业务的协同管理与操作。

WMS聚焦于任务执行的灵敏度、流程规划的科学性以及业务衔接的紧密性，上述效果的实现需要有成熟的物流理念作为支撑，在此前提下实现WMS、管理流程以及先进设备之间的协调配合，构建智能化的仓储管理系统（WMS）。WMS通过对不同功能的集成执行企业的仓储配送任务，同时灵活地适应多种应用场景，通过缩短作业周期、优化资源配置以进一步扩展利润空间，优化客户体验，提升管理的颗粒度，从而建立比较优势，以现代化物流管理驱动制造企业的发展。

3.3 ERP：企业资源计划

3.3.1 ERP系统的基本概念与特点

ERP（enterprise resource planning，企业资源计划）系统多应用于制造业，主要作用是帮助企业综合管理各项资源。其能够实时收集企业内部乃至跨企业的各项信息，整合与物资、人力、财务、信息等有关的各项管理活动，实现集成化管理。ERP系统的应用旨在用科学的方法管理企业资源，在资源方面做出合理规划，使资源得到更加充分的利用，为企业节省成本，提升生产效率，进而提高企业的整体竞争力。

ERP的提出者为美国研究与咨询公司——加特纳公司（Gartner Group Inc.）。当这一系统在20世纪90年代首次出现时，其概念还比较简单，仅仅是引导制造业顺应信息时代的潮流，对供应链和需求链进行有效管理的系统。在长期的实践过程中，ERP的内涵不断得到扩展。时至今日，ERP代表了信息技术和管理理念的有机结合，为企业所广泛认可和采用。在信息时代，ERP系统可协助企业实现资源的合理调配，使企业得以创造更高的收益，促进社会财富的积累和行业整体发展水平的进步。

ERP系统的特点体现为集成性、模块化、功能性、开放性、适应性，最主要的特点为集成性，如图3-6所示。

① 集成性：集成彼此存在关联的业务，省去重复的步骤，提高数据利用率，起到优化流程的效果。

图3-6　ERP系统的特点

② 功能性：针对各项经营和管理业务提供相应的功能，每项功能包含多个模块。

③ 模块化：不同的模块对应不同的业务管理需求，用户可根据实际情况做出选择。

④ 适应性：用户可从自身情况和行业现状出发对ERP系统进行调整和裁剪，使之符合自己的使用需要。

⑤ 开放性：ERP系统的体系是按照国际标准构建的，因此用户在使用时不会受到专用平台和技术的限制，能够便捷地将第三方软件集成到ERP系统中。

ERP系统能够推动企业在柔性生产方面取得进展，增强生产制造过程的灵活性，提升企业对市场的响应速度和适应能力，并为智能设备的应用及敏捷制造创造有利条件。在ERP系统的支持下，企业将形成柔性生产的新模式，按照市场需求完成设计、制造、配送各个环节，通过定制化生产使客户需求得到更好的满足。另外，ERP系统可在数据间建立连接，从中间步骤入手对流程进行优化，节省中间成本。

ERP系统的应用目标是流程化、标准化、规范化，改造企业价值链，提升企业运营效率和管理水平，通过核心资产数字化使企业更好地融入数字时代，面对外部环境变化采取有效应对措施。总之，ERP系统能够显著提升企业的数字化和智能化水平，企业要积极推动其应用，并使之与工业机器人、MES等进行配合，共同助力智能化升级，为工业4.0时代做好充分准备。

3.3.2　ERP驱动的生产管理智能化

在信息化技术持续进步的背景下，制造业需要顺应趋势完成转型升级，实现智能制造，提升自身在信息时代的竞争力。制造业的智能化需从生产流程、生产设备、生产管理多个方面入手，其中生产管理的智能化尤为重要。

ERP系统在生产管理智能化中可以发挥关键作用，能够协助企业实施对制造、物流、供应链的管理，是企业实现智能制造的重要倚仗。下面将详细介绍ERP系统在智能化管理中的应用优势，如图3-7所示。

图3-7 ERP系统的应用优势

① 全面的数据管理。ERP系统可用于管理智能制造各环节的数据，包括生产计划、采购、仓储、物流、售后等。在ERP系统的帮助下，企业能够掌握全面的产品信息，包括生命周期、批次、库存等，对信息加以更有效的利用，在此基础上做出更加合理准确的决策，对公司经营产生积极影响。

② 高效的生产调度。全流程自动化是智能制造的难点，因此对生产流程实施合理调度是很有必要的。企业可借助ERP系统跟踪生产过程，确认当前的生产进度是否符合事先制订的生产计划，对进度进行适当的调整，确保生产按计划完成。企业还可运用ERP系统监测生产质量，及时处理存在的问题和异常状况，保证产品质量达标。总之，在ERP系统的帮助下，企业得以进行有效的生产调度，在节省成本的同时实现更为高效的生产。

③ 完善的库存管理。库存管理是生产制造的关键环节，会在很大程度上决定生产效率和销售利润，企业需对此加以充分重视。ERP系统具备库存管理功能，可帮助企业管理库存和仓储。企业可借助ERP系统掌握实时库存情况，对物料运送、补货、货物入库出库等进行有效管理，确保库存始终处于正常状态，为生产制造提供良好基础。

④ 协同的物流管理。打通生产、销售、物流等各个环节，促进供应链完善，实现供应链的高效有序运作，是智能制造的主要任务之一，而协同的物流管理在供应链运作中发挥重要作用。企业可借助ERP系统构建完整的供应链管理体系，形成有效的供应链运行机制，发挥二者的协同作用，从全流程入手实施供应链系统管理，提升供应链的运转效率和质量。此外，ERP可用于物流优

化，帮助企业节省物流成本，提升物流服务水平。

3.3.3 ERP系统在制造企业的应用

（1）ERP系统的应用案例

① 华为公司。华为是全球范围内信息与通信技术行业的龙头企业，并且在智能制造领域也取得了令人瞩目的成就。华为的智能制造突出系统管理的集成，将ERP系统用于生产计划、库存、供应链等多个环节的管理，提升生产管理水平，使人力、物料、设备、数据等各项生产要素之间形成有效的协作，实现高效高质量生产。

② 宝钢集团。宝钢集团是全球领先的钢铁企业，作为传统制造企业，宝钢集团在智能化转型方面布局很早，2013年就已开始。宝钢集团着力推动跨企业ERP系统的整合，参与该过程的企业数量达几百家，在标准化数据模型的作用下，这些企业的ERP系统间建立了联通，体量的扩展将使得系统的效果得到强化。

③ 阿里巴巴集团。阿里巴巴是中国的互联网巨头之一，公司在智能制造领域亦有建树。阿里ERP是阿里巴巴开发的ERP系统，系统运用了云端技术，在效率、开放性方面有着较为突出的表现，可为企业的数字化升级提供助力，提高企业的智能化水平。

ERP系统是实现智能制造的关键环节，在ERP系统的支持下，企业能够实现对数据、生产、库存、物流等环节的有效管理，推进数字化转型升级，提升技术实力，在行业竞争中取得优势。

（2）ERP系统在制造企业中的具体应用场景

随着互联网的普及和信息化技术的持续发展，ERP系统在制造业的作用越来越突出，在很大程度上决定了制造企业的智能化和信息化水平。在制造企业中，ERP系统有着广泛的应用范围，涵盖了企业的各个部门，可帮助企业提升管理水平，实现集成化管理。

下面将从具体应用场景入手介绍ERP系统在制造企业中的应用。

① 在生产制造部门的应用。ERP系统可用于全方位监测生产制造过程，掌握各部门、各生产线以及每台设备和每名人员的状况，实现对生产计划、生产流程、生产质量、工艺等的一体化管理，优化管理流程，提高企业资源的利用效率。

ERP系统能够划分物料清单和物资需求计划，自动进行物料清单的匹配，协助企业制订更加完善的生产计划，确定合理的工序，采用成熟度更高的工艺，高效地利用生产设备，加强对订单、物料流转、生产质量的管理。企业可运用ERP系统整合分析采购、库存、成本、销售情况等多个方面的信息，实时掌握市场情况，在此基础上为生产提供指导，确保生产的有序运转，节省生产成本，提升生产效率，防止出现无法按时交货或库存积压的情况，实现更加科学细致的生产管理。

② 在市场销售部门的应用。在不使用ERP系统的情况下，市场销售人员无法将业务进展全面及时地汇报给公司，交货日期也经常不能确定。另外，没有ERP系统的帮助，企业很难对生产过程形成全面的了解，无法确定生产周期，不能保证在规定时间内为客户提供其需要的产品的服务。

ERP系统的应用使企业得以对市场销售环节实施更加有效的管理。借助ERP系统，企业可随时从市场销售人员处了解业务的实时进展，并给出相应的指示，确保业务合作的达成。ERP还提供绩效考核功能，企业可借此调动市场销售人员的工作积极性，使员工充分发挥自己的潜能，推动整体销售业绩的提升。

市场销售人员可运用ERP系统存储和记录销售数据，以数据作为素材撰写销售报告，向公司汇报销售工作的相关情况，包括客户信息、订单数额、合同签署时间等。销售与生产之间有着密切的关联，企业应借助ERP系统推进生产与销售部门间的协作。通过与生产制造部门建立联系，市场销售部门能够了解到与生产有关的各个事项，包括生产计划、生产周期、生产流程，这将为销售工作带来帮助。基于对生产情况的掌握，市场销售人员能够为客户提供更好的服务，将明确的发货时间给到客户，根据客户需求与生产部门进行沟通，适当地调整生产周期，提升客户满意度。

③ 在库存采购部门的应用。对于制造企业而言，采购是一个关键环节，如果不能及时完成原材料的采购，或者所采购的原材料不符合要求，就会对正常的生产造成影响，使企业遭受损失。借助ERP系统可实现对采购的有效管理，避免采购环节出现问题。

采购活动要与多个供应商进行合作，同时企业有多个用于储存货物的仓库以及多个负责采购工作的部门，借助ERP系统可实现对采购各参与单元的统一管理以及各项采购数据的整合，确保采购的有序进行。

企业可通过ERP系统掌握供货商的全面信息，选择最适合的供应商。ERP系统的价格自动选择功能可以为企业提供采购价格方面的建议，使企业在报价时做出更为明智的决策，避免不必要的支出。在ERP系统的帮助下，企业得以制订出合理的采购计划，并实现采购流程的自动化，确保采购按照预期计划顺利完成。此外，企业还可借助ERP系统查询与采购有关的各项信息，包括产品详细信息、入库时间、支付金额等，实时掌握有关采购的情况，及时解决采购过程中存在的问题。

④ 在人资财务部门的应用。在ERP系统的作用下，企业可实现对资金的有效管理，确保财务数据准确无误。ERP系统还可用于企业财务数据的整合，包括采购数量及数额、销售数量及数额、退换货情况等，为企业成本核算提供明确的依据，帮助企业在成本控制上取得令人满意的效果。ERP系统可作为财务管理数据的存储场所，企业有需要时可从中调用。

ERP系统可以用于人员的招聘和培训，帮助企业招聘到素质出色的员工，提升员工的实际工作能力。企业员工的管理涉及一系列事项，包括考勤、薪酬、绩效、人事调动等，借助ERP系统可统一管理各个事项，并且建立相应的档案，实现管理的规范化。以考勤为例，ERP系统中有考勤记录功能，如果员工需要请假，可在系统中提交申请，另外加班、出差等情况也会在系统中得到记录。ERP系统也可以用于管理员工薪酬，在系统中员工能够看到自己的薪酬构成以及薪资发放情况，包括基本工资、绩效、社保、公积金等。

3.3.4 ERP系统实施的流程与步骤

为了取得预期效果，使用ERP系统需要遵循一定的流程，下面将对ERP应用的流程步骤进行具体介绍，如图3-8所示。

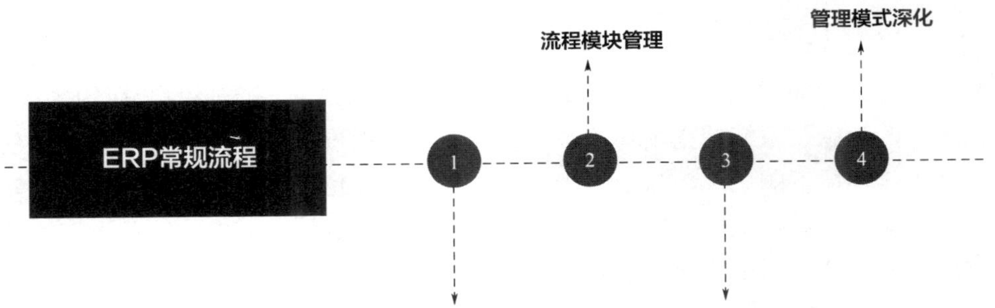

图3-8　ERP系统实施的流程与步骤

（1）企业需求调研

如果是企业自己设计ERP系统，那么在设计开始前需要开展充分的调研，围绕企业的业务情况以及客户的需求进行设计，确保系统的实用性，使系统发挥出最大的效果。如果是采用市面上已有的ERP系统，则企业同样要注意从实际的需求和状况出发，ERP系统的部分功能和模型具备通用性，但是它无法保证在各个方面都与企业完全适配，因此企业要根据自己的业务模式、工作流程以及客户群体对系统进行适当调整，使之符合自己的使用需要。

在调研阶段，企业需与ERP系统的提供方保持沟通，对其产品形成充分的了解，确认ERP系统应用于企业的可能性，并制订明确的应用流程，为系统的实际应用做好充足准备。

（2）流程模块管理

对业务流程实施模块化管理，确定各个模块的工作安排并指派负责人，在精细分工的基础上开展流程试验。试验开始后，从各模块处收集反馈信息，分析其提出的问题和建议并作出相应调整，在模块间进行协调，确保整个流程按照一致的步调向前推进。

比如，从物资采购的角度出发，物资模块认为部分环节可以省去，以此达到简化物资采购流程的效果，不过这样的做法会导致对财务模块造成影响，使结算流程变得更加复杂。这是因为物资采购和财务结算需分别遵循各自的周期，因此流程的调整可能会造成模块间的冲突。这种情况下需要找到有效地平衡各方的手段，确定于各个模块而言最为有利的方案，提升整个流程的运行效率。

（3）正式环境测试

流程试验完成后，企业对系统的功能和运作方式已有了较为全面的了解，接下来的步骤是系统的正式环境测试，将系统流程置于测试系统中，观察其在正式工作环境下的表现。与上一步骤类似，此步骤也带有试验的性质，不过其考察对象主要是模块间的配合状况以及模块的数据表现。如果系统在正式环境测试中的表现达到了要求，就可以正式投入使用。

（4）管理模式深化

ERP系统投入使用后，会逐渐进入稳定运行状态，在企业管理中凸显其作用，这时需要确定ERP各环节的管理指标，以实时获取准确的ERP数据。另外，ERP系统中的部分项目可能还有待进一步完善，对此需与ERP系统供应商取得联系，共同实施系统的优化。

企业最好挑选对ERP有较深研究的人员参与优化，同时供应商所指派顾问的专业能力也非常关键，顾问负责在优化过程中为企业人员提供指导，使企业得以高效准确地完成系统的优化。

3.4 PLM：产品生命周期管理

3.4.1 传统研发项目管理存在的问题

近年来，经济呈现出全球化、一体化的发展趋势，但许多传统制造企业的运作模式较为落后，存在管理层缺乏指导决策的工具、决策参考困难、产品结构单一、产品同质化严重等诸多不足之处，导致这些传统制造企业难以充分满足用户需求，发展速度缓慢。

以离散型的煤机制造业为例，行业中存在多种不利于发展的问题，如同客户群体缺乏战略协调性、交货周期过短、生产过程变动多、按时交货率低等。因此煤机制造业需要引入各种先进的信息化技术，构建研发项目管理平台，进一步提升产品研发、生产制造、销售服务等环节的信息化和数字化程度，以便提高自身对市场需求的响应速度和满足能力。

传统的信息系统主要包括企业资源计划（enterprise resource planning，ERP）、客户关系管理（customer relationship management，CRM）、软件配置管理（software configuration management，SCM）等系统，这些系统具有不同的业务侧重点，难以帮助企业累积大量信息资源，也难以帮助企业解决信息壁垒所带来的各类问题。

产品生命周期管理（product lifecycle management，PLM）系统可以整合各个传统信息系统和产品开发流程，助力企业构建统一化、规范化、共享化、集成化、交互式的数字化综合研发平台，大幅提高产品全生命周期各环节的数字化程度，并在各类先进的数字化技术的支持下为企业提供更加有效的问题解决方案，进一步增强企业的研发项目管理能力和突破性创新能力。

一般来说，项目管理指的是在一定限制条件下，充分利用有限资源及相关知识、工具、技术等制订并落实最优管理方案来达成预期目标。在研发项目管理过程中，用户需求、项目整体进度、项目风险预测等各项相关内容均存在一定的不确定性，且这些不确定性因素均可能对企业的研发项目管理的执行效率造成一定程度的影响。具体来说，传统研发项目管理存在的问题如图3-9所示。

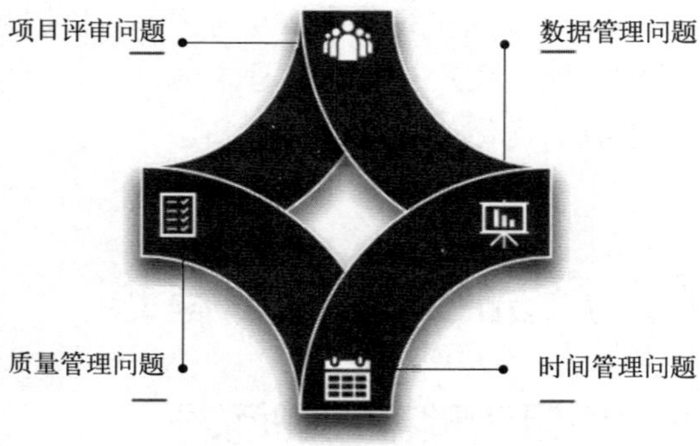

图3-9　传统研发项目管理存在的问题

（1）项目评审问题

企业需要从技术可行性和业务盈亏情况两个方面，综合评估所需立项的项目的可行性。在评估过程中，企业应充分考虑该项目的技术实现难度、业务盈利能力、项目节点控制难度，以及有无新盈利点和竞争力强的差异化新产品等内容，判断该项目能否带来较大收益。

传统模式下，评审多依赖部门孤立数据和主观经验，导致了以下两个缺陷：其一，决策依据片面化，技术可行性评估缺乏实时产能、供应链等数据支撑，业务盈利预测也脱离市场动态；其二，评审流程滞后，纸质会签或单系统审批会造成跨部门协同低效，使得平均立项周期过长，从而错失市场窗口期。

（2）数据管理问题

数据管理问题指的是与项目研发相关的结构化流程管理方面的各项问题，如数据重用方法、评审流程控制方法、异构数据信息交换方法、项目归档数据的统一管理方法、保持数据的同步性和有效性的方法、保持物料信息与生产信息一致性的方法、提升研发项目和批量产品计划达成率的方法、设计过程中的变更问题的解决方法等。

传统研发项目管理存在系统性短板，数据分散存储于各部门独立系统，不仅信息孤岛严重，而且异构数据交换需人工处理，效率低下且易出错；缺乏统一的数据归档与同步机制，物料信息与生产信息常出现脱节；历史数据重用率低，同类项目重复研发问题突出，研发计划达成率因数据断层难以保障。

（3）时间管理问题

时间管理问题关乎项目进度监督、项目交付物管控、项目过程变更管理、项目运行甘特图查看等问题。在项目实施过程中，企业需要对各个计划节点进行监督，并借助量化数据对各个关键节点进行检查，以便为项目相关人员通过图表评估项目的整体进展情况提供方便，在数据层面为后期考核工作提供支持。

传统研发项目管理易陷入被动响应困局，进度监督依赖人工汇报，因此关键节点延迟发现不及时；过程变更管理缺乏数字化工具支持，使得变更审批流程冗长，常导致生产排期频繁调整、按时交货率低；量化数据采集不完整，项目整体进展评估依赖主观描述，后期考核缺乏客观依据。

（4）质量管理问题

在研发项目管理过程中，企业需要充分利用各项先进技术，如虚拟制造技术、统一数据模型技术、虚拟样机技术等，动态模拟研发项目的不同阶段；充分发挥三维软件的作用，模拟分析和干涉检验自身产出的产品，以便降低产品样机设计出错率，缩短产品研发周期，减少重复性劳动，减少研发成本支出，在技术层面为项目质量管理工作提供强有力的支持。

传统研发项目管理缺乏虚拟制造、三维仿真等技术支撑，产品样机设计需依赖物理试错，出错率高且返工成本大；质量检验依赖人工抽检，难以覆盖全流程数据，导致潜在缺陷发现滞后；研发与生产环节质量标准脱节，设计文档与工艺要求一致性差，极易增加生产端质量异常风险。

3.4.2 基于PLM系统的研发项目管理平台

基于PLM系统的研发项目管理平台构建的关键因素主要涉及以下三项内容，我们仍以上文提到的煤机制造行业为例进行阐述说明。

（1）业务流程

从业务流程上来看，煤机制造行业中的企业其产品大多具有结构复杂度高、零部件多、自制件与外协件并存等特点，在产品设计和产品工艺方面可能会出现改变请求的情况，进而对研发项目管理造成一定影响。而基于PLM系统的研发项目管理平台可以实现对传统管理模式的优化升级，对设计更改、工艺变更、标准化审查等各类设计过程中出现的变更问题进行规范，从而降低管理的随意性，提升企业的管理能力、产品数据配置管理的科学性、评审流程的规范性以及流程执行的严格程度，确保各项数据的一致性和准确性。

（2）组织方式

从组织方式上来看，煤机制造行业中的企业大多采用客户驱动型的订单生产模式，通常围绕客户需求展开产品研发工作，具有产品研发周期长的特点，难以通过人工干预的方式来管理各项研发项目。为了有效加强研发项目管理，充分利用各部门资源，企业需要将项目拆分成多个阶段，保证产品研发流程明确清晰，并设置项目责任制，灵活调动和分配各个职能部门的资源，为研发项目管理提供资源方面的支持。

（3）数据模式

从数据模式上来看，PLM系统具备产品数据管理功能，能够围绕数据为企业提供多种应用，支持企业统一管理各项研发项目。在煤机制造业中，各个企业、各个部门之间的业务模式、工作侧重点及数据管理模式均存在一定差异，导致大多数据为异构数据。因此，企业需要充分利用基于PLM系统的研发项目管理平台，从底层结构入手，统一各个数据模型，进一步提升设计数据与生产数据之间的一致性，防止因设计、工艺等方面的变化引起材料变动，避免出现数据信息传递不及时和数据不唯一等情况。

3.4.3 PLM系统体系结构模型的构建

PLM系统融合了多种数字化技术，具备知识管理和流程优化功能，能够利用特定的建模语言和转换标准以及Web Services（网络服务）相关技术打造多层模型结构的研发项目管理平台，在产品研发创新工作中发挥着十分重要的作用。

具体来说，PLM系统体系结构模型如图3-10所示。

（1）基础数据层

基础数据层主要由数据源和数据建模工具两部分构成，其中，数据源主要包含Web数据、文献数据、工程数据和模型库等内容。

企业可以利用统一建模语言（unified modeling language，UML）和各类图形建模工具对这些数据源进行处理和转换，并使用产品模型数据交互规范（standard for the exchange of product model data，STEP）标准中的Express描述语句进行表达，最后借助可扩展标记语言（extensible markup language，XML）来转换中间文件的格式，以便充分满足各类用户的使用需求，为虚拟结构、团队结构的组织企业共享和解析各项异构数据提供方便。

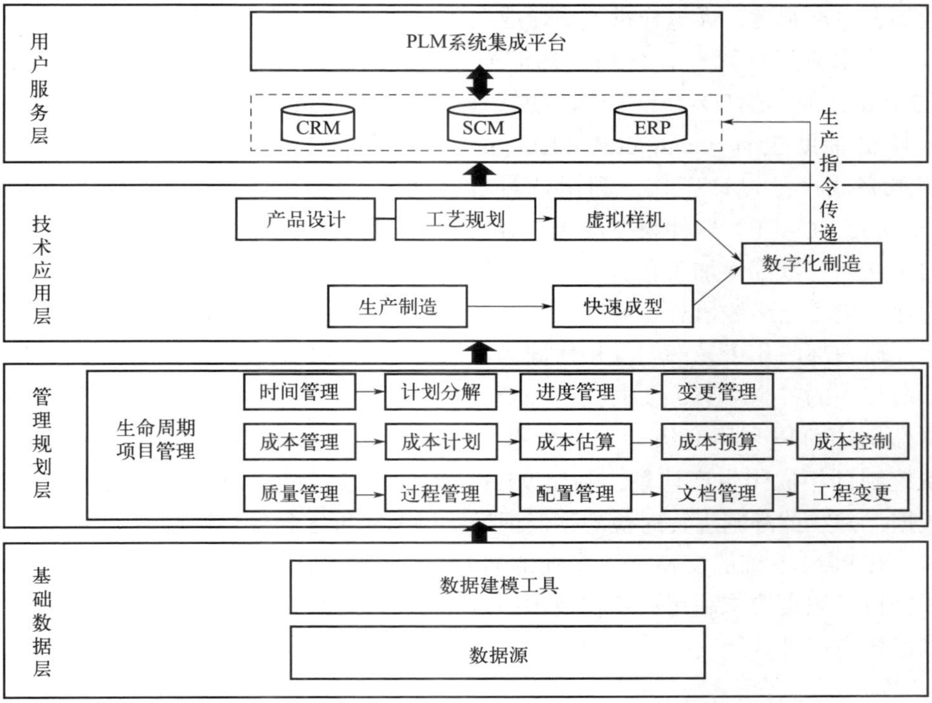

图3-10 PLM系统体系结构模型

（2）管理规划层

管理规划层可以从时间管理、成本管理和质量管理三个角度入手，从整体上对各项研发项目进行规划布局，进而实现生命周期项目管理。

具体来说，时间管理可以对项目生命周期内的各项数据和事务的活动状态进行采集和记录，并为企业进一步优化调整研发项目的计划提供依据；成本管理可以评估各项项目资源，帮助企业管控项目风险，提升项目的成功率；质量管理可以优化项目研发过程，提升整个过程中各个环节之间的协调性，并充分利用各项产品配置信息，提升工程物料清单（engineering bill of materials，EBOM）与制造物料清单（manufacturing bill of materials，MBOM）之间的一致性，防止出现由各项变更问题引起的信息传递不及时等情况，同时借助工程变更管理来确保系统中的数据结构信息与图纸中的信息之间的一致性。

（3）技术应用层

技术应用层为执行层，主要包含各项数字化制造工作，如产品设计、工艺规划、生产制造、虚拟样机、快速成型等。

技术应用层可以分解和规划前期任务，利用计算机辅助设计（computer aided design，CAD）、计算机辅助管理（computer aided management，CAM）、计算机辅助工程（computer aided engineering，CAE）等设计工具和PDM系统来完成产品设计工作，利用计算机辅助工艺设计（computer aided process planning，CAPP）软件来完成工艺规划工作，并将各项相关数据融入工艺路线当中，如与零部件加工和装备相关的定额、车间班组、加工中心等数据，帮助企业明确工艺路线信息。

研发部门和工艺部门互相协同，可以快速生成虚拟样机，动态模拟产品生产流程中的各个环节，及时找出并解决产品生产流程中存在的各项问题。生产制造部门可以利用高级计划与排程（advanced planning and scheduling，APS）系统制订和优化生产计划，利用MES获取和记录产品生产过程中的各项相关数据，并在此基础上实时检测生产现场，进而实现零部件快速成型。

在PLM系统的支持下，企业的研发部门、工艺部门、生产制造部门可以根据自身职责要求利用数字化技术高效完成各项工作，以数字化的方式研发和制造各类产品。

（4）用户服务层

在用户服务层，PLM系统可以与ERP、CRM、SCM等多个系统互相融合，协同作用。对企业来说，可以借助ERP系统来优化整合各项内部资源，进一步加强对物流、信息流和资金流的管理，实现ERP数据与PLM数据共享，提高设计和工艺过程的清晰度和可控性以及信息的一致性；同时也可以利用CRM系统与用户进行交互，以便充分掌握用户需求情况，对用户群进行细分，进一步扩大市场，并为产品设计提供指导，提高产品设计的概念化程度；还可以利用SCM系统快速查询库存信息，充分掌握实时库存数据，保证物料选用的合理性，减少采购成本支出，并通过与供应商之间的信息共享来提升自身的需求响应速度，以便及时满足客户需求。

3.4.4 PLM研发项目管理平台的实现

基于PLM系统的研发项目管理平台（简称PLM研发项目管理平台）既可以形成直接效益，也可以带来间接效益。具体来说，直接效益主要与PLM系统的数据管理功能、业务流程管理功能以及项目管理中的时间管理和进度管理有关。

在PLM系统中，研发设计中的部件、基线、升级请求、规范文档、CAD文档等都是十分重要的数据管理对象，企业需要利用PLM系统，以资料存储管理的方式对各项数据进行管理。一般来说，资料存储管理需要用到产品库和存储库，其中，产品库主要用于存储研发项目产品的各项数据，存储库主要用于存储产品设计所需的各项数据，同时也可以进行数据共享。

企业可以充分发挥PLM系统的作用，利用Windchill ProjectLink软件对各个研发项目进行过程管理，并存储各项项目数据，落实项目计划中的各项内容，以便有效分发和反馈设计任务，加强设计活动与交付物之间的联系，并实现对二者的关联管理。

企业的管理人员或项目经理可以在项目跟踪过程中以可视化的方式了解工作进度，借助量化数据来对各个关键节点进行检查，通过时间表来获取项目整体的完成情况信息，同时也可以明确各个项目人员的工作任务及指令，并通过工作任务页面向各个项目人员发送相应的任务提醒信息。PLM系统的研发管理员需要制订设计项目计划，组建研发项目小组，根据实际情况设置子项目计划，并将各项工作任务合理分配给各个项目人员，安排相应的负责人及时跟进其负责的子项目的完成进度。各个子项目的负责人需要根据各项相应要求及时完成交付物，并对任务的完成率数据进行更新。

在完成以上各项工作后，平台需要综合分析各级图纸审核请求和各个部门的要求，并在此基础上提交已发布的打印基线，同时向各个部门发放最终设计图纸，让各部门了解最终设计方案。

由此可见，基于PLM系统的研发项目管理平台可以帮助企业处理多项工作，企业可以借助PLM系统进一步提升产品架型的标准化和模块化程度。在搭建研发项目管理平台的过程中，企业既要保证该平台可以为自身带来直接效益，也要确保可形成一定的间接效益，充分考虑该平台在企业形象、客户满意度等方面的作用。

第4章

数字化车间与产线开发

4.1 数字化车间：智能制造的未来

4.1.1 数字化车间的建设路径

自人类进入工业时代之后，制造业已发生了数次变革，对工业化水平的提升起到了重要的推动作用。最早的制造业采用手工作业的模式，后来机器的发明催生了机械生产，建立在机械生产基础上的流水线生产则大幅提高了生产效率和产量，再后来电子信息技术的引入使得自动化生产成为可能。如今，制造行业正在步入智能时代，一个崭新的发展阶段即将到来。

在电子信息技术的作用下，生产制造的自动化程度相较于机械生产时代进步明显，不管是体力劳动还是脑力劳动，机器都可以在一定程度上代替人的作用。在自动化生产中，信息化系统能够优化车间流程，在管理、决策、资源利用等多个方面产生积极影响。

在电子信息技术主导下的自动化制造之后，智能制造成为制造行业的主要发展方向，而数字化车间是智能制造的重要载体。数字化车间指的是综合应用了各种数字化、网络化技术的生产车间，能够集成、分析生产管理过程中的各个环节的数据信息，如设计、制造、质量、物流、能耗等环节，并对产品制造过程进行可视化管理，且具有良好的增长性和持续性，能够帮助企业缩短产品研发周期、减少运营成本支出、提升产品的合格率和生产效率、提高生产制造过程的能源利用率。

近年来，科学技术迅速发展，各个行业正不断加快数字化转型的速度，制造业也积极建设数字化车间，力图借助数字化车间来提高生产制造的智能化程度，进而实现智能制造。对与制造生产相关的各个行业来说，生产车间是其运转和发展的重要基础，构建数字化车间是其实现智能制造过程中的重要一环，也是企业在建设智能工厂过程中必不可少的一个步骤。具体来说，数字化车间建设主要包含三条主线，如表4-1所示。

表4-1 数字化车间建设的三条主线

主线	要点
第一条主线为自动化设备及相关设施	如机床、机器人、热处理设备、测量测试设备等，这些设备是企业建设数字化车间的物理基础，能够在生产制造过程中提升产品生产的精确性
第二条主线为以MES为中心的数字化控制系统	该系统的应用可以在一定程度上优化企业对各个生产制造环节和要素的管理，如计划调度、工艺执行、生产物料、过程质量和设备管理等环节和要素，助力企业提升生产管控的精细化程度
第三条主线为基于物联网设备的信息化系统和机床以及各项自动化设备	这些设备与系统之间可以通过物联网互相连接、互相协同

在以上三条主线互相交会的情况下，企业可以在各个自动化设备及信息化系统之间传递各项数据信息，推动车间在软硬件方面走向一体化，并提高产品生产的效率、质量和绿色化程度，降低生产成本，进而达到增强自身市场竞争力的效果。

数字化车间在制造企业内的应用范围很广，包括质量检验、物流配送、设备维护等技术环节，以及各项生产管理活动。制造企业在规划和实施数字化车间时，要从自身的实际情况出发，遵循适用性的原则。企业应基于信息技术和工业技术的发展成果推进数字化车间的建设，实现生产流程的优化，提升生产效率和产品质量，快速响应市场需求，以更低的成本创造更高的效益，确立企业的竞争优势。

4.1.2 数字化车间的作用和构建策略

数字化车间具备整体性和系统性，因此在建设和应用数字化车间时要把目光放到整体和系统的层面上，关注每一个业务环节，通过各环节的共同作用推动系统的高效运转，实现系统效果的最大化。

（1）数字化车间的作用

数字化车间可以在一定程度上优化车间管理，为企业实现智能化转型提供一定的支持。具体来说，构建数字化车间对企业来说主要有以下几项作用，如图4-1所示。

图4-1 数字化车间的作用

① 设备互联：实现设备智能化。数字化车间支持机器人、数控机床、热处理设备等各项数字化设备互联互通，同时也可以实现多种数字化、智能化的功能，如智能化决策、可视化展示、大数据分析、数据远程采集、程序网络通信和程序集中管理等。企业可以利用这些功能来提升自身的管理水平，以便对生产车间、生产流程和生产工艺进行数字化、网络化和智能化管理。

② 协同生产：促进信息共享。数字化车间可以充分发挥信息化系统的作用，支持生产过程中的各个环节进行信息共享和协同，如计划、排产、物料、派工、报工、质量、质检、仓储等环节，帮助企业在车间层面进一步提升计划的精准性以及展示的可视化程度、生产的精益化程度和管理的精细化程度；同时也可以助力企业转变生产模式，实现协同生产，并提前准备好技术文档和工装夹具等生产资源，通过将工件转移到设备前的方式减少设备等待时间，从而提高生产效率，减少生产成本支出，获得更高的客户满意度。

③ 虚实融合：发挥数据的价值。数字化车间可以促进数字世界与物理世界相融合，升级革新制造模式，实现虚实精准映射和相互促进。对企业来说，信息化系统与数字化车间中的各个岗位和设备相连，数字化车间中的各项数据可实现有序流动，人、机、料、法、环、测六项要素可互相融合。在数字化车间中，企业可以提升生产管理的数字化、网络化和智能化程度，实现高质高效生产，同时也可以推动整个生产过程走向智能化，提高产品生产与服务的质量以及敏捷性、协同性、高效性、环保性，并减少成本支出。

④ 提质增效：提升管控质量。数字化车间建设可以提高车间管控的科学性和全面性，助力企业制订科学的车间规划，打造互相融合的生产设备和信息化系统，推动生产过程各环节互相协同；同时也可以充分发挥大数据分析和决策支持等先进技术的作用，提升管理工作的量化和透明化程度，帮助企业实现高效率、高质量的产品生产，并降低生产成本。

（2）数字化车间的构建策略

① 制定企业数字化转型战略。制定企业数字化转型战略对于企业来说是非常重要的，它可以帮助企业在数字化转型过程中保持清晰的方向和行动计划，防止出现数字化转型方向偏离的情况或在执行转型计划的过程中出现问题。

② 引入数字技术和设备。对企业来说，引进先进且符合自身实际情况的数字技术和设备有助于提升生产效率和质量。与此同时，企业也可以加强各项设备之间的互联互通，使各项设备之间可以进行数据交互和信息共享，以便在数据层面为后续的数据分析和优化提供强有力的支持。

③ 建立数字化平台。对企业来说，建立数字化平台可以实现多种数字化

功能，如生产管理、数据分析、设备监控等，有助于提升整个生产过程的数字化程度，同时也可以进一步挖掘和分析各项数据，及时找出生产过程中存在的问题并进行优化调整。

④ 建设数字化人才队伍。对企业来说，数字化人才建设是实现数字化转型过程中的一项重要工作。企业应加强对各部门员工的培训，帮助员工掌握更多工作所需的数字化知识和技能，从而为数字化车间的安全稳定运行提供一定的保障。

⑤ 强化网络安全保障。对企业来说，强化网络安全保障能够提升数字化车间中的各项数据及各个系统的安全性和稳定性，有效防范各类数据安全风险。

⑥ 用好扶持政策。对企业来说，用好扶持政策指的是积极学习和落实我国出台的各项数字化车间的认定奖补管理办法，根据自身实际情况申报相应的专项扶持基金，借助政策的支持推动数字化车间转型工作。

4.1.3 数字化车间的体系结构

据GB/T 37393—2019《数字化车间 通用技术要求》给出的定义，数字化车间是运用精益生产、精益物流、可视化管理、标准化管理、绿色制造等先进的生产管控理论和方法设计而建造的信息化车间，具有精细化管控能力，是实现智能化、柔性化、敏捷化的产品制造的基础。

数字化车间的体系结构如图4-2所示。

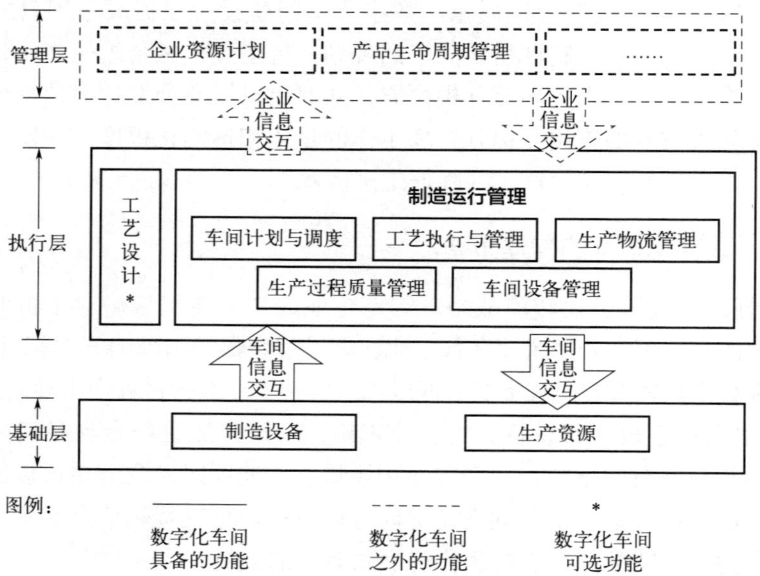

图4-2 数字化车间的体系结构

数字化车间由基础层和执行层组成，图4-2中还包括了管理层，不过这一层级并不属于数字化车间的一部分。基础层的构成部分有制造设备和生产资源，用于执行生产制造过程，除了开展生产活动之外还负责质量检测和物流配送。执行层由工艺设计和制造运行管理两大模块组成，其中工艺设计为可选功能，可根据实际需要进行设置；制造运行管理由5个模块组成，分别是车间计划与调度、工艺执行与管理、生产物流管理、生产过程质量管理、车间设备管理。基础层和执行层之间会进行车间信息交互，同时执行层与管理层会进行企业信息交互。

数字化车间体系结构下会涉及如表4-2所示的数据。

表4-2　数字化车间的数据信息

序号	数据信息
1	车间生产计划与车间订单，以及生产运行结果反馈
2	车间作业计划，以及计划执行情况的反馈信息
3	作业执行指令，以及作业执行情况的反馈信息
4	工艺检验指令，以及生产过程质量控制结果的反馈信息
5	制造设备的检验参数，以及以检验数据的形式呈现的检验反馈信息
6	车间生产计划与车间订单的物料需求，以及关于配送情况的反馈信息
7	采购、库存信息以及物料的消耗情况
8	设备计划与调度信息、设备运维计划、设备运行数据等
9	收发料信息以及异常状况的反馈

数字化车间数据流如图4-3所示。

此外，数字化车间的基本要求包括数字化、网络、系统、集成、安全5个方面的内容，这些要求是针对资产和制造过程而言的。

① 数字化要求：数字化是数字化车间的核心，车间的多个环节都要实现数字化，包括制造设备、信息采集、资源识别、工艺设计等，用可视化手段将生产现场呈现出来。

② 网络要求：数字化车间应通过网络在设备、资源、系统间建立连接，实现各单元的信息交互。

③ 系统要求：采用信息化技术的生产管理系统是数字化车间的重要组成部分，如制造执行系统等，借助这类系统可对生产过程实施有效管理。

④ 集成要求：数字化车间体系结构的层级间要实现信息集成，包括基础层与执行层之间，以及执行层与管理层之间。

⑤ 安全要求：数字化车间须保障安全性，根据风险评估结果制订安全管理方案，采取有效的安全防护措施。

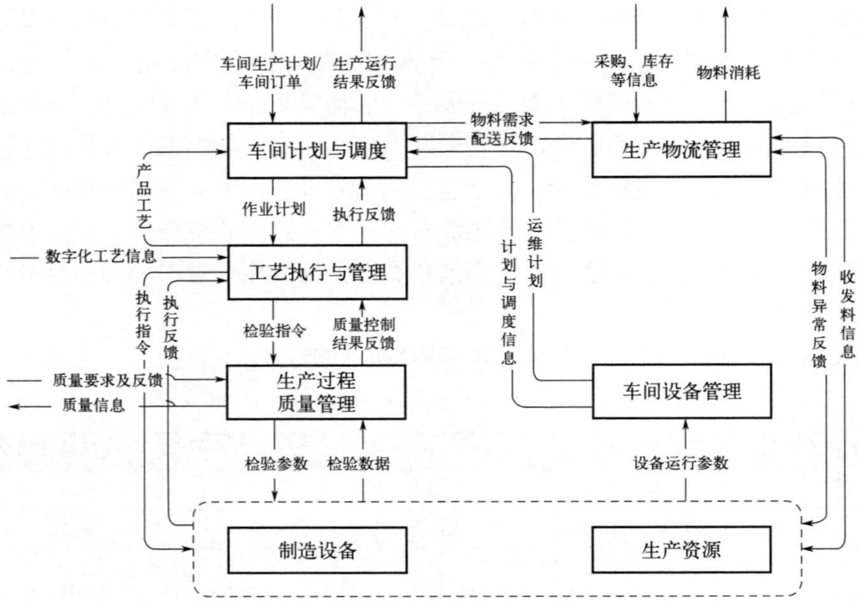

图4-3　数字化车间数据流示意图

4.1.4　数字化车间的规划实施

数字化车间是工业化在信息时代的发展成果，因此其既包含了工业技术，也运用了信息技术。数字化车间要用到多种技术、设备及系统，包括数控机床、自动检测仪器、自动识别技术、工业网络、数据采集与监控（SCADA）系统、制造执行系统（MES）、仓储管理系统（WMS）等，可对生产过程进行实时监控，收集和分析生产数据，在此基础上控制生产设备，协调各个业务环节。

因其本身的系统性，数字化车间的建设需要按照一定的步骤来进行。首先企业需评估自己是否具备建设数字化车间的成熟条件；分析当前的业务需求，基于评估和分析结果形成蓝图规划；而后设计出具体的建设方案和实施路径；最后按照既定规划实施建设。数字化车间建设过程如图4-4所示。

GB/T 39116—2020《智能制造能力成熟度模型》是关于智能制造能力成熟度模型的国家标准，规定了成熟度模型的构成、成熟度等级、能力要素和成熟度要求。根据该标准给出的定义，智能制造能力指为实现智能制造的目标，企业对人员、技术、资源、制造等进行管理提升和综合应用的程度。企业运用成熟度模型进行自我评估，能够了解自己的智能制造能力，结合评估结果和行业内先进经验制订数字化车间建设规划，推动企业的数字化转型升级。

图4-4　数字化车间建设过程

数字化车间建设蓝图规划由整体目标、业务规划、系统规划、数据流等多个部分组成，能够体现企业的数字化战略。在数字化车间的建设过程中，企业要强调蓝图规划的指导作用，基于现有的技术条件和预算确定规划的实施路径，针对建设过程中可能遇到的问题制订应对方案，按照规划内容循序渐进地开展建设，在计划时间内高质量地完成建设工作，筑成企业数字化的主要阵地。

数字化车间的规划与实施需要关注以下要点：

· 确定企业当前存在的主要问题，如生产效率低下、无法有效控制成本等，以此为导向开展数字化车间建设，使数字化车间发挥出更大的价值。

· 做好各项优化工作，包括工艺、流程、管理等方面的优化，为数字化车间建设创造有利条件。

· 数字化车间中的主要设备有数控机床、智能机器人、工业机器人、传感器、工艺设备等，通过在设备间建立连接进行程序的统一管理，构建设备网络，形成智能化的设备运行模式，提升设备和整个车间的运行效率。另外，实现设备间的连通有助于提升数据的采集效率和采集质量，更好地满足数字化车间管理的数据使用需求。

· 车间网络在数字化车间中发挥关键作用，可实现车间内各设备、模块、系统间的连通，为数据传输和信息交互提供平台，从而加强车间各单元之间的协作，促进车间业务的高效运转。车间网络多采用工业以太网，常用的如PROFINET。

· 突出信息化在业务中的作用，利用信息化技术推动业务的发展。整合制造信息系统的各个模块，包括设备、物流、质量等，借助信息系统推进模块间的信息交流，使各个模块间形成紧密的协作关系，提升车间的管理水平，为实现车间精益化生产提供助力。

· 确立精益生产管理的目标，运用相关的理念和工具推动目标的达成，如价值流分析、准时化生产、看板管理、全面生产维护、防错防呆等。

· 充分挖掘数据的价值，促进数据在业务流程中的有效应用。信息系统集成了车间的各设备、系统和模块，使各部门得以实现数据的传输交流，保持数据流通性能够更好地发挥数据的作用，基于数据分析的准确结果做出科学合理的决策，提升管理水平和管理的透明度。

在智能制造的背景下，数字化车间建设已成为制造企业的重要任务，企业应从自身现状出发，根据自身需求制订数字化车间建设规划。数字化车间的作用体现在多个方面，比如：数字化车间有助于实现柔性生产，通过提升生产的灵活性更加精准地满足市场需求；运用制造信息系统收集车间生产数据，对生产过程进行统一管理，达到优化生产的目的；实现生产管理透明化，及时识别生产过程中出现的问题或偏差，确保生产的正常有序运转；实时监控生产，通过快速检验找出质量不达标的产品，提升质量检测效率，将良品率维持在较高水平；采用自动化手段执行工艺，提升生产效率；实现员工绩效的数字化管理，调动员工的工作积极性。

总之，数字化车间能够推动企业在生产效率、生产质量、管理水平等方面取得进步，显著提升企业的综合实力。

4.2 基于仿真技术的智能产线建设

4.2.1 智能产线规划的要点与难点

随着劳动力成本的逐年上升，传统劳动密集型产业的利润空间正面临着不断被高昂用工成本所挤占的风险。要解决这种困境，企业必须进行产线改革，以实现原有产线的“降本、提质、增效”。当前，已经有一部分企业充分认识到了这一问题，将产线自动化纳入未来发展规划。

众所周知，车间的生产能力决定着制造型企业能否在激烈的市场竞争中脱颖而出，车间智能化、产能高，则企业发展基础牢固、后劲充足。在数字经济发展和企业亟须产能升级的双重背景之下，企业必然要走上数字化道路，而以智能制造为发展路径，能够通过工业基础生产能力的升级实现企业各生产模块的集成和生产资源的优化配置，从而实现企业运营的自动化、数字化、智能化和精益化：

· 自动化：智能工厂的底层支撑，其改造聚焦于设备，通过设备的自动化升级打通数据到具体生产活动之间的桥梁，为数字化控制提供条件。

· 数字化：智能工厂的控制中心，主要聚焦于系统提供，通过制造管理系统等管控系统实现生产资源的合理调配、生产过程的全程监控、生产用料和生产工艺的高颗粒度管理。

· 智能化：基于设备物联网，实现上层数字管理系统与底层物理设备的高效协同，打造数字孪生产线，真正实现虚拟数字世界与真实生产场景的融合，更好地促进生产能力提升。

· 精益化：以提升生产的精细化程度，实现具有高灵活性、高适应性的柔性生产为原则，推进整个数字化车间的建设，渗透数字化建设的各阶段、各环节。

（1）智能产线规划的要点

智能产线规划应与企业产品保持高度匹配，因此需要在对企业产品进行充分调研的基础上总结出规划要点，随后开始规划。具体应注意如图4-5所示的几点。

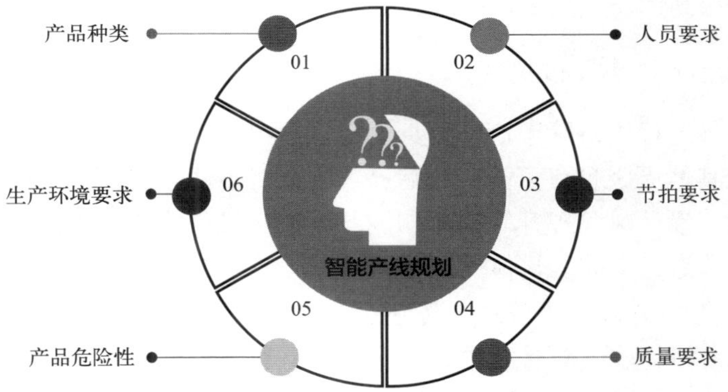

图4-5　智能产线规划的要点

① 产品种类。应确定产品的生产规模，在规划过程中确保产线能够实现对最大产量的覆盖，同时以产品类目为依据确定是否要对产线进行类别分支；此外还应进一步从生产过程角度考虑不同类目产品的切换频率，并思考在切换过程中是否需要更换工装、是否执行无人化更换等细节问题；另外，是否设计混线生产以及以何种方式执行，也是应考虑的重点。

② 人员要求。主要聚焦于产线人员的数量，是人员定量还是动态调整，总之应实现技术成本、人力成本以及技术难度之间的平衡。

③ 节拍要求。考虑产品是否为大规模生产的高节拍产品，自动化产线升

级是否需要进行节拍提升。若节拍提升过程中遭遇客观条件限制，则应考虑增加设备以抵消节拍提升面临的负面影响。

④ 质量要求。了解企业对于产品生产合格率的要求，尤其是对于军用产品，应明确是否要求产品全部合格。此外还应考虑对不合格产品的处理问题，明确其返修或报废的流转轨迹，并通过算法预测确定当前生产力下不合格产品的数量规模，设置相应容量的暂存区。

⑤ 产品危险性。确定所生产产品的危险系数，枚举出产品生产过程中出现概率较高的安全问题，在进行产线设计时有针对性地进行预防。

⑥ 生产环境要求。了解产品生产过程中的环境参数要求，如生产最适宜的温度、湿度、气压，在生产过程中是否会产生污染物，危险品生产线是否为生产人员设置了科学合理的无障碍绿色逃生通道等。

当掌握了企业产品的特性和生产细节后，即可开始调研生产工艺流程。首先应对现有的产线进行调查研究，记录生产的各环节要求，并整理出完善的工艺流程图；随后与企业各部门协同，对现有的生产工艺进行评估、整合和精简；最后，将精简后的生产工艺与自动化设备进行融合，实现相应工艺的升级改造，并输出新的生产工艺流程图。

（2）智能产线规划的难点

产线规划过程中，除了产品自身生产过程中面临的技术和工艺瓶颈，一些主观因素或其他原因也有可能会影响产线的最终落成，造成建设成本增加、产线能力受限、设计风险提升等问题。因此应在产线正式建设之前考虑到这些问题，并与企业进行交涉。具体问题如下：

· 装配线物料来源不统一，可能会造成新研发设备初期能够完成对设计样品的装配，但是在量产过程中装配出错，影响生产流程的持续推进。

· 装配物料和装配工艺的设计以人工产线为依据，与自动化产线的适配程度低，改造难度和风险大幅提升。

· 一些产品的质检方式依赖人工，尚未实现标准化。

· 防爆车间设备安全性界定的精细化程度不足，无法满足一些先进设备的使用要求。

· 工艺的更新与设备的升级存在脱节，对于一些已经不适用于当前设备的工艺没有及时更新。

· 支线建设不足，产线需生产的产品数量过多，切换产线过于频繁造成实际生产中效率过低，产线压力过大。

· 产线设计时未考虑后续数字化车间建设的需要，车间布局、接口预留等工作不到位，后期改造时间长、成本高、难度大。

4.2.2 智能产线的调研与分析流程

无论是对旧产线进行升级，还是重新建设智能化、自动化的新产线，都需要从全局出发，树立系统思维。企业应立足于现有的生产基础，将升级重点放在生产工艺和生产技术上，有针对性地打造出一支掌握先进技术经验和自动化知识的人才队伍，针对自动化升级难度较大的工艺技术进行改进，随后以精细化生产原则为引领实现全局的资源优化配置，在不断地提升与改进后最终确定产线布局。以下几个环节需要企业在智能产线的调研与分析过程中尤为重视。

（1）挖掘需求

与客户进行面对面接触，详细就企业的战略规划中的自动化愿景、建设需求进行沟通，同时掌握建设过程中起关键作用的人员、质量、安全、节拍等要素情况。

（2）实地调研

到现场实地调研，了解当前厂房的自动化程度。对厂房设备进行勘察，对设备的工作情况、设计思路、工作状态、历史故障原因、修理难度等进行了解和记录，与设备操作人员进行沟通，了解各项工艺在产线中发挥的作用，总结出生产工艺流程图，形成可供参考的工厂情况报告。

结束实地调研后，应从以下几个方面进行风险评估：

- 该产线中是否存在建设难度过大、需求满足困难的工位？
- 如改造需要，需求方是否能够在一些问题上进行妥协？
- 是否有难以保证改造效果的瓶颈工艺？
- 产品本身是否具备接受生产自动化改造的条件？
- 自身是否有能力开展自动化改造？
- 针对复杂工位的定向研发成本是否合理，如何划定风险责任？

（3）初步产线规划

对企业当前的产线生产工艺流程进行整合，有针对性地对其进行自动化产线适应性改造，并结合原有的产线和自动化流程规划布局新产线，确定产线建设框架。

(4) 工艺设备研发

在了解产品生产工艺、各类设备在生产过程中发挥的作用的基础上，可以进一步将设备细分为采购设备、改造设备和非标设备：

· 采购设备：根据产线设计的要求确定设备的类型与参数，随后进行厂家筛选，确定具体的设备型号，并执行定期采购。

· 改造设备：追溯原厂设备信息，考察设备的接口与系统适应性，判断设备的改造成本与改造风险。

· 非标设备：在对当前产线的人工作业流程、方式进行考察的基础上，制订出初始方案，与需求方讨论方案细节，敲定方案；随后着手进行设计、选择合适零部件，必要时采用运动仿真模拟保证设备与新产线的协同程度。

(5) 详细产线规划

按照前期产线规划，对采购及研发的设备进行落地应用；结合设备工作效果、生产瓶颈，进一步检验产线规划的科学程度；利用虚拟数字空间对设备、人员、物料等要素进行孪生建模，进一步完善产线设计和资源配置。

(6) 产线仿真

以数据为基础进行三维建模，模拟真实生产线，确保物流模拟的安全性和稳定性；针对具有高工艺要求和高节拍要求的产线，通过运算确定整体产线的最优节拍；对生产物料进行统筹，合理制订每日的最优生产量；针对一些关键工位采取虚拟电气调试，保证其符合职能需求。

(7) 产线调试、交付

执行虚拟化数字产线的采购、设计、安装调试等工作，同时测试整条产线的协同生产能力，确保不同环节之间的顺畅衔接，及时调整问题部分，确保最终交付出高质量产线。

4.2.3 产线仿真对产线规划的作用

随着数字化、智能化成为制造业发展的必然方向，当前的制造系统的设计研发已然建立在机械制造、系统管理工程和计算机科学等跨学科研究的基础上，具有更强的交叉性与综合性。但由于其技术要求高、推进速度慢、前期铺设成本高，因此三维协同设计及仿真成为产线布局设计的重要实现路径。其突出价值在于能够通过数字模拟及时在建设前发现问题，从而避免不必要的建设损失，提升产线建设的容错率。

（1）传统产线设计规划方式的痛点

传统三维软件的功能仍旧集中于设计过程中数据的直观展示和即时查看，其功能聚焦于“便捷”而非“智能”，因此无法进行各类数据的分析处理以及计算模拟。产线的布局实际上仍然依靠人工判断与决策，因此难以避免地会出现主观判断失误、难以关联全局要素等决策局限，对产线正式建设前的纠错能力较差，且由于软件自身局限，在设计实施过程中往往存在以下问题：

· 缺乏标准化、通用化的判断依据，仅仅依赖工程师的个人经验对工作流程、干涉情况进行判断，主观性强而科学性不足。

· 产线物流运转的透明化程度较低，复杂产线产品生产运输过程中各环节衔接不畅会导致时间与资金浪费。

· 难以保证复杂产线节拍计算的效率与准确性。

· 产线数模定向性较强，仅能在特定的产线建设中发挥作用，无法继续在真实的生产过程中发挥作用。

（2）数字化产线建模与仿真的重要性

设计建设自动化生产线需要考虑生产过程中的各类要素、信息流、控制机构等，整个过程十分复杂。通过数字化赋能，则可以进一步加强对制造生产流程的把控能力，进一步加强各部门协同，优化内部资源配置，从而提升设计效率，降低试错成本。而传统三维设计方式对数字化手段的应用仅仅集中于前期，产线建成后对相关数据资料的挖掘与利用不足，难以充分发挥出数据指导后期生产、优化产线布局、加强生产环节间协同的价值。

通过制造领域的数字样机技术，能够打通虚拟与现实之间的桥梁，实现产线数模对产线建设全周期的高效渗透，即实现产线数模在产线设计、落地建设、全线调试、应用生产、针对性优化以及日常监控等环节的全覆盖，实现数据的全线贯通，从而缩短产线设计周期，进一步发挥后期数据应用价值。

（3）仿真布局使用流程

在相关设备和软件内置功能的配合下，能够高效实现产线的规划布局，从而减轻了前期准备压力，让所设计的产线更加规范、标准，以下是对仿真布局关键性技术的介绍：

· 将现有的厂房结构扫描为点云，以实地环境勘察结果为指导，确定选中区域的占地面积，根据规划做好各区块的功能定义工作。

· 考察企业生产的关键工艺技术，进一步进行需求沟通，以产品、物料资源、设备工装、人员等要素作为基础建立三维数字化产线数模。

· 借助软件已有的资源库，合理选用物流输送线、机器人、AGV、员工等资源，生成生产工艺流程，进行仿真分析。

· 灵活调用系统内的各种设备资源库和制造单元，构建科学全面的生产规则体系。

· 以产线数模为基础，导出完整的BOM结构，并基于对该结构的分析生成各种可视化报告，作为产线设计参考。

· 渲染产线并展示。

基于上述关键性技术，通过以下路径，即可快速获得自动化产线仿真数据：

· 在数字空间打造工厂资源的数字孪生，调取当前已有的设备模型导入软件，对于新设备和未曾建模的老设备，及时进行数据补充，对产线设备、工装夹具、结构单元等进行建模；定义并评估产线规则，实现规则与模型的融合。

· 定制工厂资源库，结合实际需要调整完善资源库，进一步优化类结构，提升种类丰富度。

· 定义软件产线工厂设计环境，包括模板、种子文件、属性等。

· 定义产线的实际生产规则，让设计落地过程中的每一项操作都有规可循。

· 基于已有的二维产线图对产线进行前期规划，及时通过调整加快冲突部分的融合。

· 在产线规划图的指导下进行相关BOM结构的搭建。

· 在资源库中将各种物流设备和非标工艺设备进行对号入座，嵌入产线图。

· 调整产线结构，定义物流传输规则和生产规则。

4.2.4 仿真技术的应用价值与应用场景

对于生产系统，通过构建动态计算机模型来进一步发掘系统作用规律，实现系统性能提升；根据库存与产品的数量关系，进行生产的实时模拟优化；监测各台生产设备的利用情况，及时进行任务增减，避免过载造成的设备损伤或利用率不足导致的资源利用率降低；通过计算机模型完成新工艺的试验和仿真，避免停产试验造成的生产损失。

（1）产线仿真技术的应用价值

产线仿真聚焦于产线布局、物流模拟、工艺流程再现等方面，在数字化环境中对产线进行再现、调整和升级，其价值主要表现在以下方面。

① 产线错误暴露。调用数据库内的企业发展战略数据，与当前建设的三维产线进行对比验证，检验新工厂、新产线布局建设以及现有车间改造的合理性，实现纠错前置，以限制错误所造成的负面影响扩散，降低后续更正成本。

② 产线设计建设演示。在智能工厂建设初期，通过二维模型辅助设计，实现数据的快速查找，减少设计的时间成本；随着项目向前推进，进入规划阶段后以三维模型代替二维模型，提升设计表现的直观度，更好地解决细节问题。不论是二维还是三维模型，都能够通过仿真数据实现工厂特性的实时动态模拟，更好地描述工厂的设备利用情况、物流设备、工作节拍等。

③ 减小投资成本。在保证产能达标的前提下，尽可能地通过提升要素利用率、加强资源配置能力等方式降低投资成本。

④ 均衡生产库存。通过计算使库存物料与生产产品储量保持动态平衡，减少库存积压，降低成本。

⑤ 优化物流线路。通过对仿真模型的分析与挖掘，厘清物流线路，设置最佳中转点，优化物流路径，减轻物流搬运压力。

⑥ 数据采集及分析。采集并收集生产数据，推测未来产量、生产产品质量，结合规划目标对产线进行调整。

⑦ 能耗分析。通过能耗分析，进一步实现能源合理分配，整合过剩能耗，推动其再利用，借助仿真结果精准计算节约的能源成本。

⑧ 瓶颈工位分析。针对瓶颈工位，深度挖掘原因，制订优化方案，通过对比优化成本与瓶颈工位优化后收益，提供智能决策建议。

（2）产线仿真技术的应用场景

产线仿真重塑了传统的产线建设流程，将产线建设由以往的依赖人工经验建设转变为全要素统筹、全周期串联、全环节覆盖的系统化建设流程，破除了建设过程中的信息孤岛效应。通过虚拟空间与现实建设的融合交互，实现有效纠错、高效优化，全面发挥数据的信息承载与快速流动价值，缩短设计周期的同时实现收益最大化。以下是其主要应用场景。

① 工艺仿真。对设备的全工作流程进行仿真模拟，在数字空间内再现设备的生产方式，更好地对设备工作情况进行评估。数控（numerical control，NC）加工过程模拟是有代表性的工艺仿真技术，通过模拟加工过程并对其进行监控，能够有效避免加工过程中的欠切、过切等情况，并通过加工数据的分析和加工过程的学习归纳提供设备与工艺升级建议。

② 机器人仿真。通过模拟机器人和机器人末端工装，更好地评估机器人

的工作表现，发现存在的问题并及时干预，保证机器人后期上线后的工作质量。

③ 人机工程仿真。经过仿真后对需要人机协同完成的工作进行学习分析，推演人工辅助操作的可行性，并遵循安全原则提出合理的协同方案。

④ 辅助工厂规划。在进行工厂改造或建设新厂房时，通过仿真模拟进行面积计算，验证布局规划，确定最合适的要素组合方式。

⑤ 优化生产效率。产线仿真能够优化产线的生产效率，及时调整各项资源的配比，进一步精简流程。当生产产品变动时，及时做出相应的产线调整与工艺修改；当生产任务较重、产品种类和数量较多时，通过产线模拟对各个订单生产组合方式进行验证，确定最优订单生产组合策略。

产线规划建设是一项关涉多类要素、具有明显全局性和整体性特征的工程，在建设过程中既需要考虑内外部资源的整合与配置，同时还应确保各类规则定义、设备选择、工艺优化的精细化，以确保所建设的产线能够满足企业的产能提升、成本节约需求。此外，在进行产线设计时应用产线仿真技术，能够在数字空间内以低成本对各类构想进行验证，大幅缩短设计周期，减少试错成本。完成产线建设后，在自动化设备、智能管理与控制系统以及物联网的支撑下，企业也能够更好地对各生产环节进行监控，促进各环节之间的协同，提升产线的需求响应能力，真正实现产线的高端化升级。

4.3 基于CPS的智能产线构建

4.3.1 基于CPS的生产线模型

近年来，信息化和工业化的融合日渐深入，制造行业所使用的生产线（简称产线）的自动化程度越来越高，许多制造企业借助自动化生产线来提升生产效率，但与此同时，企业也需要进一步提升生产线的可重构性以及柔性化程度。具体来说，一方面，制造企业应充分利用当前已有的硬件条件，提高功能配置的多样性；另一方面，制造企业应及时发现需求变化，并以低本高效的方式对生产线进行优化调整，充分满足各类新需求。

为了解决这一问题，相关研究人员提出利用软件来定义制造过程，通过软件更新的方式迅速重构产线工作逻辑，以较低的成本使原有的物理产线能够及时适应需求变化，满足新的生产需求。

信息物理系统（cyber-physical systems，CPS）具有虚实映射的特征，可以在信息空间中以虚拟化的方式抽象映射出物理空间中的实体，能够在模型方面为实现以上方案提供一定的支持。在CPS中，物理实体与虚体之间可以进行交互，并在此基础上实现感知、分析、决策和执行等多种功能。

从实际作用过程上来看，首先，物理空间中的传感器会进行信息感知，然后这些信息会以映射的方式进入虚拟的信息空间中，在对这些信息进行分析和决策后，物理空间中的实体将会执行决策，同时这一作用过程也会形成一个智能系统闭环。

除此之外，CPS还具有支持多级嵌套的特征。一般来说，单元级CPS可以实现的功能相对单一，但可以与其他单元级CPS共同作用，集成为系统级CPS，进一步扩大规模，实现更多复杂功能；不仅如此，系统级CPS也可以继续进行集成，形成系统之系统（system of systems，SoS）级CPS。由此可见，CPS具备多级嵌套结构，可以实现对各类复杂系统的多层级解耦和建模，重塑系统结构，丰富系统功能。

为了实现对产线的优化升级，制造业企业需要构建基于CPS的智能产线，并采取有效方法来降低产线的功能扩展难度和重构成本。具体来说，企业可以对物理空间中的设备或装置进行改造，将其作为单元级CPS，并进一步整合多个单元级CPS，搭建CPS产线，构建出可以通过软件定义实现快速重构的柔性制造系统。

对制造业来说，若要建设基于CPS的智能产线，则需明确产线模型的结构，厘清产线模型的运行逻辑。从结构上来看，产线是一个由两级互相嵌套的CPS构成的系统级CPS，既可以作为信息驱动接口实现各项功能，也可以对各个单元级CPS进行控制，使各个单元级CPS之间可以互相协作。具体来说，基于CPS的产线模型结构如图4-6所示。

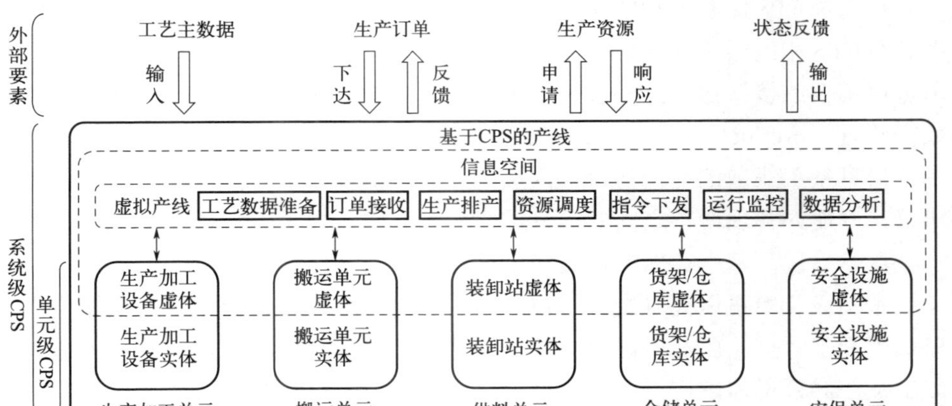

图4-6　基于CPS的产线模型结构示意图

单元级CPS是产线中最小的逻辑功能单元，能够自主完成与其自身功能相对应的一类作业。从本质上来看，单元级CPS可以通过改造硬件系统的方式集成驱动软件，让传统的硬件系统可以实现对外的统一信息接口驱动和对内的执行机构控制。不仅如此，各类单元级CPS还可以在网络中进行分工协作，集成为具备多种功能的系统级CPS；各类单元级CPS也可以通过调整协作逻辑的方式进一步丰富系统级CPS的整体功能，提升系统级CPS在功能上的多样性。

每个单元级CPS都可分成两部分，其中，一部分为物理实体，另一部分为信息虚体：

- 物理实体包含传感器、执行器等设备，能够实现人机交互、机机交互和物机交互。
- 信息虚体可以看作物理实体在信息空间中的映射。

受硬件实体、传感器配置和信息虚体等因素的影响，各个单元级CPS在对外能力和智能化程度方面均存在一定差别。

对制造企业来说，可以从实际需求出发，搭建由仓储货架和传感器构成的单元级CPS，或由具备高级数控系统的高级加工中心构成的单元级CPS，这两种CPS在复杂度和智能化程度方面存在一定差距。一般来说，各个单元级CPS的信息虚体可以在虚拟（信息）空间中进行协作，并形成虚拟产线，模拟生产过程中的各个环节。

虚拟产线可以实现多种功能，如工艺数据准备、订单接收、生产排产、资源调度、指令下发、运行监控、数据分析等；同时也具备接收外部数据的能力，可以接收外部输入的生产订单和工艺主数据，并根据实际情况进行生产资源申请；还可以反馈订单状态和产线运行情况，为工厂的各项生产工作提供方便。

受两级CPS嵌套结构的影响，从运行逻辑上来看，产线模型也可分为外层系统级CPS和内层单元级CPS两部分，且不同层级的CPS需要根据外部集成需求选用相应的接口协议。外层系统级CPS需要与制造执行系统（MES）和产品数据管理（product data management，PDM）等更高层级的系统集成，并使用企业信息系统集成的通信协议；内层单元级CPS需要使用工业网络集成的通信协议，以便为各项设备之间的信息通信提供方便。

具体来说，基于CPS的产线模型运行示意图如图4-7所示。

系统级CPS可以充分发挥虚拟产线的作用，接收多种数据信息，如生产订单、工艺主数据、生产资源信息等，完成工艺数据准备等工作，并从工艺主数据出发，对订单需求进行分析和拆解，为各个单元级CPS执行作业任务提供方便。与此同时，虚拟产线也可以接收和分析单元级CPS的状态反馈信息，并据此灵活调整排产方案，合理调度各项资源。

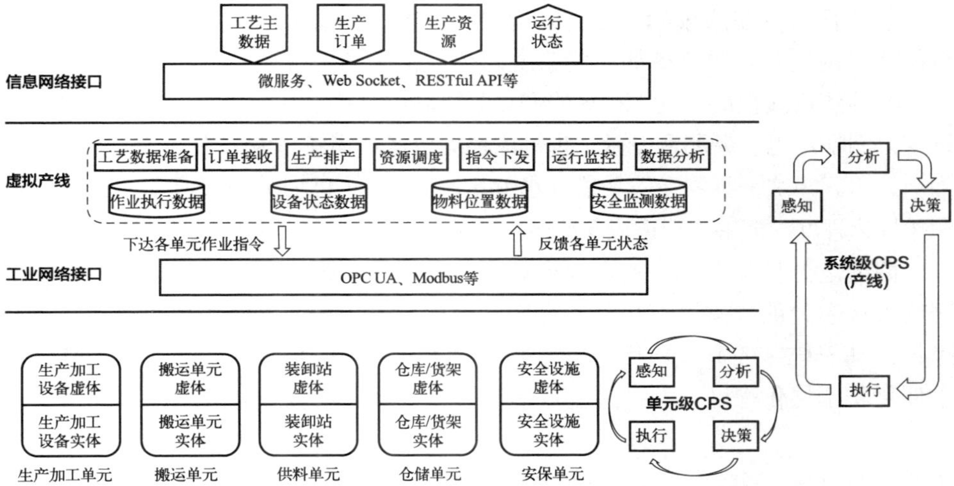

图4-7 基于CPS的产线模型运行示意图

虚拟产线可以对调度结果进行仿真优化，随后，该调度结果会以单元作业指令的形式进入工业网络接口，并在经过转义后被传输到单元级CPS当中，由单元级CPS来执行其中蕴含的指令。与此同时，虚拟产线也会对各个单元的指令执行情况进行实时监控。

在接收到作业指令后，单元级CPS会从自身状态出发，衡量指令可否执行。若可执行该指令，则需进一步分析指令是否需要修正，并向虚拟产线反馈自身实时状态信息，确保在执行指令时可实现虚实映射；若不可执行该指令，则需生成相应的问题报告，并将其传输到虚拟产线当中。

从工作流程上来看，单元级CPS具备感知功能，可以对自身的运动状态、硬件温度和输入/输出（input/output，I/O）状态等信息进行感知，对执行器的位置偏差和I/O异常等问题进行分析，并据此做出相应的决策，如坐标补偿、参数调整等，再将指令信息传输给相应的硬件设备，由硬件设备来执行指令，进而完成工作任务。

在从仿真优化到执行指令的整个过程中，系统级CPS可以实时感知各项相关信息，如各单元和物料的状态、物料与工件的位置、安保设施响应情况等；同时也会对各项相关问题进行分析，如搬运时出现的运动误差、加工时出现的几何误差、各项硬件设备的负载程度等，并根据具体误差进行补偿和修正。单元级CPS将会接收作业指令并严格按照指令信息控制设备执行工作任务。最后回到状态感知环节，形成一个可以依次完成感知、分析、决策和执行四项工作的智能系统闭环。

总而言之，在两级CPS嵌套结构的产线模型中，外层系统级CPS的智能系统闭环与内层单元级CPS的智能系统闭环互相嵌套，协同作用。

与传统产线相比，基于CPS的产线可以利用虚拟产线实现对多个单元的统一管控，即便不再重新配置设备，也可以根据生产环境和作业要求的变化进一步增加新的单元模块，扩展新的功能。也就是说，基于CPS的产线具备更高的拓展性和柔性化程度，能够迅速适应新的生产环境，及时满足不断变化的生产要求。

除此之外，基于CPS的产线模型还可以通过对各个单元的统一管控来降低产线模块单元的删减难度和替换难度，减少在重构产线方面的成本支出。由此可见，基于CPS的产线模型可以通过软件定义的方式提升产线的可重构性以及柔性化和个性化程度，为制造企业建设智能产线提供强有力的支持。

4.3.2 单元级CPS的构建方法

在建设智能产线的过程中，制造企业的相关工作人员需要先将产线中的各项自动化设备和装置改造成单元级CPS。从结构上来看，单元级CPS主要由两部分构成：一部分为物理实体，主要包含传感器、执行器和各类交互接口；另一部分为信息虚体，主要包含代理模型、决策模块、通信接口和分析模块。

具体来说，单元级CPS结构如图4-8所示。

当单元级CPS处于运行状态时，传感器会对物理实体进行感知，采集其状

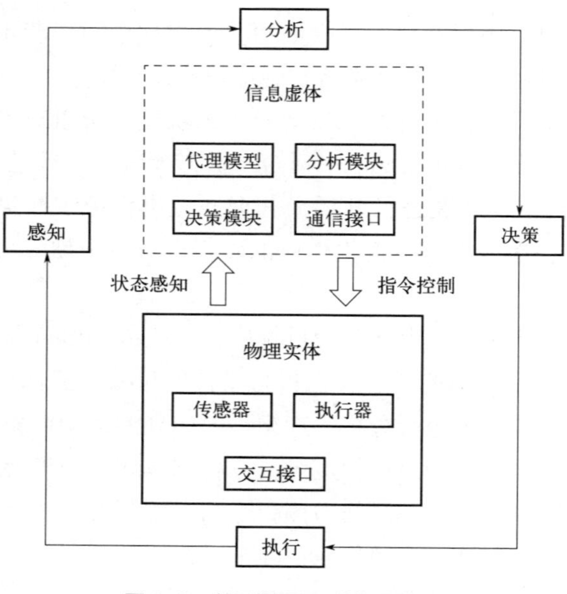

图4-8 单元级CPS结构示意图

态信息，并将这些数据信息传输到代理模型当中；分析模块会对状态信息、作业指令进行分析处理，并根据分析结果进一步衡量执行器的误差和交互接口的异常情况等问题；决策模块会根据以上各项信息做出判断；执行器会从决策出发，执行作业指令，完成作业任务。

比如，在标准自动化机加产线中，单元级CPS可分为生产加工单元、搬运单元、供料单元、仓储单元和安全保障（安保）单元五种类型。这五种单元级CPS在结构上存在一定的不同，且各有各的构建方法。

（1）生产加工单元

在生产加工单元中，物理实体大多为车削中心、镗铣加工中心等智能加工设备。一般来说，加工设备的嵌入式软件系统具有一定的监控功能，能够实现对加工设备实时检测，为产线获取设备状态信息提供方便。不仅如此，代理模型也可以在与加工设备的嵌入式软件系统通信的过程中采集主轴转速、刀具种类等各项所需数据。除此之外，加工设备的嵌入式软件系统还可以支撑信息虚体实现分析和决策等功能。

（2）搬运单元

在自动化机加工生产线中，搬运单元通常包含搬运机器人等设备。搬运机器人的各项硬件和传感器均为物理实体，嵌入式软件系统和信息空间的代理模型则为信息虚体。在搬运机器人中，各项硬件均可与执行器进行交互，软件系统则具备分析、决策、通信等功能，搬运机器人可以利用传感器来感知自身位姿变化，并将实际变化情况传输到信息虚体中，确保代理模型与物理实体之间始终协调统一。

搬运机器人通常利用光测距传感器、红外传感器等传感器来感知位置坐标，获取位置坐标变化信息，利用加速度传感器来感知姿态，获取姿态变化信息。若出现虚拟产线需要物料或工件的情况，搬运机器人还可以利用位于末端执行器上的压力传感器来感知受力情况，采集各项相关数据信息。

（3）供料单元

供料单元通常包含产线中的各项上下料设施，如装卸站等。在供料单元中，信息虚体需要始终与设施中的物料或工件情况保持一致。由此可见，对于物料和工件类型较少的产线，供料单元可以充分发挥压力传感器的作用，感知载重情况，并据此判断有无物料或工件，若有物料或工件，还需进一步判断其种类；对于物料和工件类型较多的产线，供料单元可以充分发挥视觉识别设备的作用，对各类物料和工件进行监控，并获取各项准确信息。

（4）仓储单元

在仓储单元中，物理实体主要包含货架和对应传感器等设备设施。具体来说，货架主要用于存储半成品工件和成品工件；传感器主要用于感知货架存储详情，采集工件种类等信息。仓储单元可以根据货架存储详情进一步优化信息虚体的代理模型，也可以在信息空间中建立分析模块和决策模块，找出空闲货架，确定其位置并进行编号，决定存储下一个工件的货架编号。

（5）安全保障单元

安全保障单元主要包含各项用于保障生产安全的外围设施，如安全门、红外光幕等，且这些设施可以实时感知各项相关信息。除此之外，安全保障单元的软件系统也具备分析和决策功能，既能够实现对现状的分析，也能够根据各项相关信息进行自主决策。由此可见，在建设安全保障单元的过程中，制造企业的相关工作人员需要在信息空间中构建一个能与物理实体进行实时交互的代理模型。

4.3.3 系统级CPS的构建方法

系统级CPS由众多单元级CPS互相集成而成，具备较大的规模，能够实现更加复杂、更加多样的功能。在构建系统级CPS的过程中，制造企业的相关工作人员需要先确保各个单元级CPS之间既可以进行信息通信和交互协作，也可以对外提供各项一体化服务，同时也要对这些单元级CPS进行统一管控。由于数据交互中间件架构通常使用不同的工业网络通信协议，因此为了支撑各个单元级CPS通信，制造企业还需建设虚拟产线，并利用虚拟产线统一调度和控制各个单元级CPS。

（1）数据交互中间件

数据交互中间件既可以与各个单元级CPS相连接，也可以作为虚拟产线和物理产线之间的信息交互渠道。从功能架构上来看，数据交互中间件主要由协议适配、数据处理和服务提供三个组件构成，其中，协议适配指的是能够适配多种工业网络通信协议，为各项异构设备之间的信息通信提供支持；数据处理指的是可以对设备所采集的各项数据进行处理，如分类、转义、格式化、路由和存储等；服务提供指的是可以通过事件驱动或时间驱动的方式以RESTful API、Socket、Web Socket等形式发布各项指定数据，不仅如此，还可以支撑数据交互中间件实现数据读/写和发布/订阅等诸多功能。

具体来说，数据交互中间件功能架构如图4-9所示。

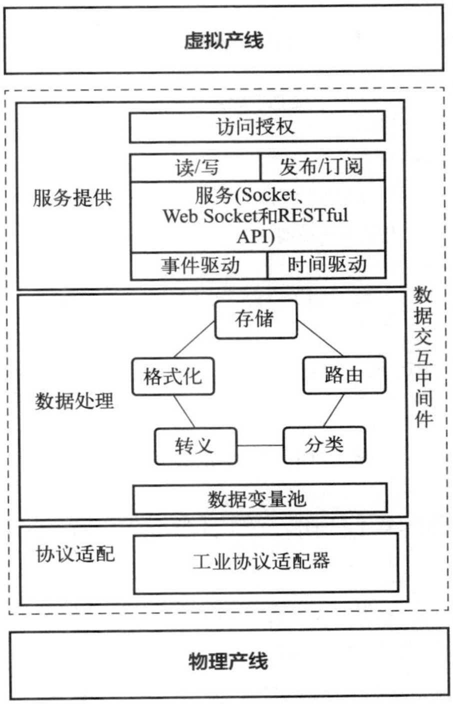

图4-9 数据交互中间件功能架构

在工业协议适配器的作用下，数据交互中间件可以与物理产线进行信息通信；在Socket、Web Socket和RESTful API等协议的支持下，数据交互中间件可以与虚拟产线进行信息通信。数据交互中间件对物理产线与虚拟产线进行数据交互方面的解耦，从而防止出现二者数据直连的情况。

（2）虚拟产线

虚拟产线主要包含各个单元级CPS的信息虚体和各个管控软件，且信息空间中的信息虚体与物理空间中的物理实体之间存在实时映射关系，管控软件可以在信息空间中管理和控制信息虚体的代理模型，并借此实现对物理空间中的各个单元级CPS的管理和控制。

制造企业的相关工作人员通常使用三维建模和动画等方式来构建代理模型。虚拟产线三维模型主要由加工单元模型、搬运单元模型、仓储单元模型和其他部分构成。其中，加工单元模型主要包含自动门模型和加工中心模型两部分；搬运单元模型包含执行器模型、机械臂模型、底座模型等多个组成部分；仓储单元模型主要包含货架模型和工件模型；除此之外，虚拟产线中还具备装卸站模型、安全门模型等。

具体来说，三维模型层次树状图如图4-10所示。

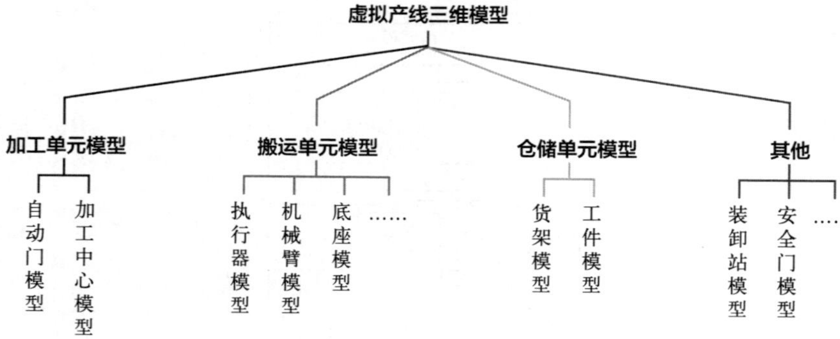

图4-10　三维模型层次树状图

管控软件具有较强的管控功能，能够在以下几个方面对各个单元级CPS进行统一管控。

① 生产排产。管控软件可以充分发挥基于规则的排产方法的作用，为制造企业实现良好的生产排产打下坚实的基础，让制造企业可以保证合理安排各个工件的加工顺序和加工时间，在最大限度上提升目标生产性能。

② 资源调度。在管控软件的作用下，虚拟产线可以感知加工中心和智能仓库的使用情况，并根据排产计划和订单灵活调度和分配各项生产资源、加工设备。

③ 指令下发。管控软件可以对生产排产和资源调度结果进行细分，并通过数据交互中间件将这些指令下发给各个单元级CPS，确保各个单元级CPS能够执行指令，完成任务。

④ 数据分析。管控软件可以记录各项订单信息和调度结果，并在此基础上支撑系统实现智能决策，通过数据分析的方式从工艺和生产效率两个方面优化虚拟产线。其中，工艺优化需要用到刀具信息等工艺参数，生产效率提升需要用到排产调度结果等数据。

4.3.4　基于CPS的智能产线构建案例

（1）单元设备布局

以标准自动化机产线为例，从设备规划方面来看，CPS产线中包含4个数控加工中心、1个装卸站、1个工业机器人、3组货架和安全门以及其他各项相关设备设施。其中，装卸站中又具有1个交换工位和2个装卸工位。具体来说，CPS产线的设备单元布局如图4-11所示。

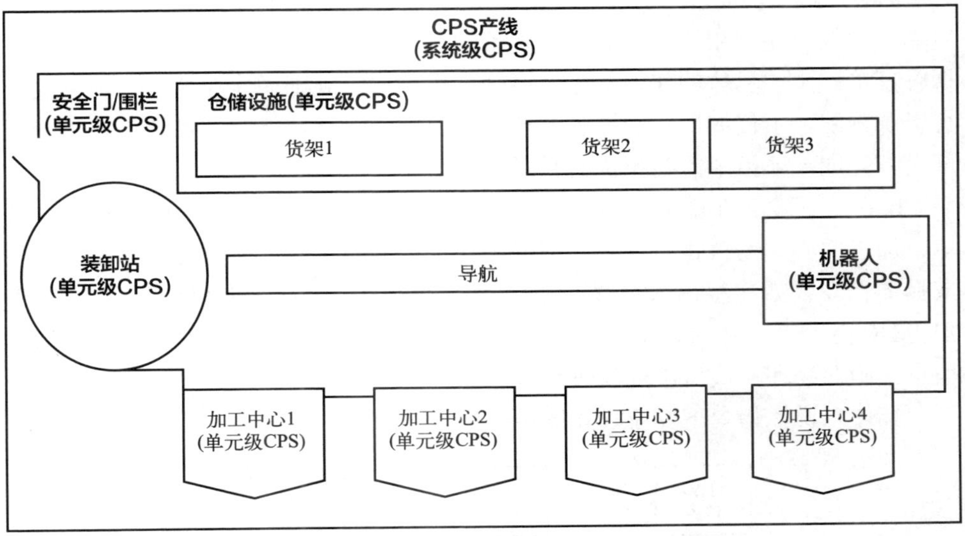

图4-11　CPS产线的设备单元布局

在CPS产线中，装卸站是工件进出产线的必经之路；工业机器人是用于搬运工件的重要工具；加工中心以西门子828D4.7为软件系统，具备西门子OPC UA2.2数据交互接口，可实现刀具寿命管理功能，同时也可以统一管控装卸站、仓储设施和工业机器人。设备单元中的各项设备均可借助数据交互接口实现与虚拟产线之间的实时数据交互，管控软件可以统一管控设备单元中的各项设备。

（2）虚拟产线构建

① 代理模型三维可视化。代理模型三维可视化需要用到三维建模等先进技术，从本质上来看，主要指的是利用三维建模技术在信息空间中重塑单元级CPS的物理实体，利用单元级CPS中的相关数据来确保三维模型与物理实体在动作上的一致性。

加工中心的三维模型可以分析物理实体的各项相关数据，如刀具种类、托盘位置、主轴坐标等，并据此实时呈现出相同的工件加工情境。工业机器人的三维模型可以分析物理实体的位置坐标、六轴旋转角度等数据，并据此实时呈现出物理空间中的机器人位姿。代理模型三维可视化的应用能够提升虚拟产线的直观可视性和人机交互的可操作性，同时也可以实现对产线运行情况的实时监测。

② 虚拟产线关键功能实现。

a. 生产排产与资源调度。管控软件应用了基于规则的排产方法，可实现对刀具、货架、托盘和加工中心各项资源的调度。在排产过程中，管控软件会先拆解订单，生成具体的作业指令，再分析生产加工规则和作业要求，并据此进行资源分配。不仅如此，管控软件还具备一定的统计功能，能够统计各项被调度设备完成一项指令需要花费的时间，并据此设计排产计划。

b. 指令下发。在虚拟产线中，管控软件会先分析各项相关信息，如生产订单、加工中心、物料状态等，并根据分析结果进行排产；再拆解排产结果，生成具体指令，如物料出入产线、物料产线内转运、生产改换/装卸刀具、生产加工NC指令等，并为各个加工中心设置指令列表；最后向物理产线下发指令信息，确保物理产线可按部就班地作业。

具体来说，指令下发流程如图4-12所示。

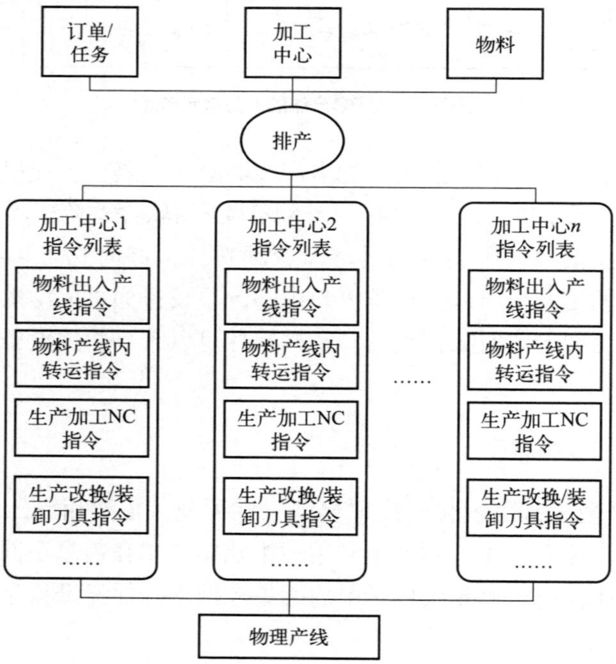

图4-12　指令下发流程

在物理产线中，各项设备的控制指令各不相同。比如，机器人的工作路径大致可分为四段：第一段为从装卸站到货架，第二段为从货架到工作设备，第三段为从工作设备到货架，第四段为从货架到装卸站。在整个工作路径中，机器人的运动都可以用位置数据和动作数据进行描述，因此机器人指令主要包含目标位置和对应动作两项内容。

除此之外，产线中的其他设备也需要通过指令来进行控制。比如，在工件进出时，产线中的数控机床会在指令的控制下开关门；在进刀、换刀时，产线的控制软件需要利用订单中的工艺主数据生成加工控制指令，对加工过程进行控制；对于示警灯、安全门等设备，控制软件只需下发开关指令就可以实现有效控制。

c.数据分析。在虚拟产线中，受实际加工工序耗时与理论时间之间的偏差的影响，作业排产结果与设备实际加工情况通常并不完全一致。为了实现作业排产自主优化，虚拟产线需要充分发挥数据分析的作用，采集和分析历史排产结果和实际加工耗时等数据，并根据分析结果自动修正二者之间的偏差。一般来说，若虚拟产线所记录的时长与实际工序时长之间的偏差较小，那么作业排产会在一定程度上提升排产计划的紧凑性，从而获得更高的生产效率。

在以上各项工作的作用下，虚拟产线可以统一管控物理产线中的各项设备，利用生产排产和资源调度功能来获取物理产线的运行状态信息，同时综合分析订单信息，防止产线生产加工的零件种类受限。虚拟产线中的控制软件可以统一生成作业指令，并向物理产线的各个设备单元下发相应指令，降低指令下发的复杂度。由此可见，产线既可以降低增加单元级CPS所需的成本，丰富可加工工件的种类，也可以对自身进行重塑，或调整更换一些特定的单元级CPS，提升自身对工作环境和需求变化的适应能力。

（3）数据交互中间件搭建

数据交互中间件IDC Sentry可以基于工业数据采集队列来为指令下发提供支持，且具备多种组件，如协议适配组件、数据处理组件、服务提供组件等。数据交互中间件的工作状态能够在一定程度上反映处于处理状态的数据项和中间件之间的通信情况，同时数据交互中间件也可以以路由、转义、过滤等方式对数据进行处理，并充分发挥Socket、Web Socket和RESTful API协议的作用，实现数据读写功能。

第5章 智能物流构建与运营

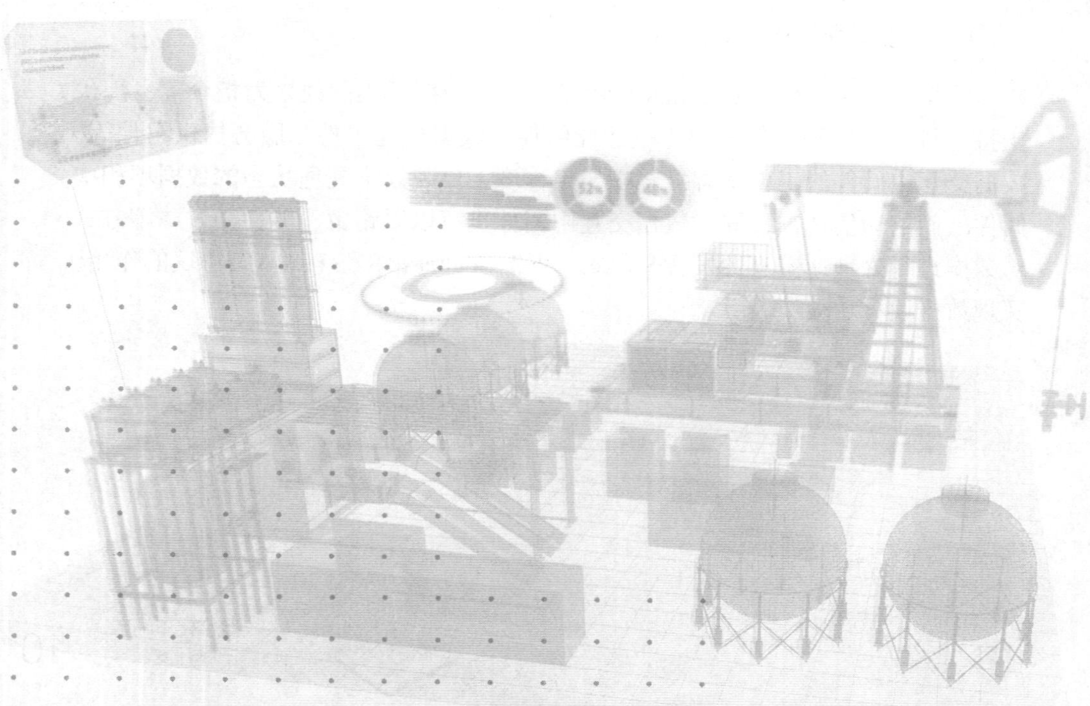

5.1 物流信息平台的构建方法

5.1.1 物流信息平台构建的3个维度

智能工厂物流信息平台集成了多种先进技术和软硬件，如5G、大数据、工业互联网、人工智能、云计算、智能物流等新兴技术和机器人等软硬件设备，能够实现智能服务和智能决策，帮助工厂以智能化的方式处理各类物料、成品及半成品的包装、运输、装卸、存储和配送等工作，加强企业、用户、货物和设施之间的联系，有效整合流程、数据和订单，驱动物流运营走向立体化、多元化，提升物流云平台连接的价值，在智能制造方面发挥着十分重要的作用。

一般来说，智能工厂物流信息平台应具备信息采集和信息管理功能，可以处理各项实时数据，并根据这些数据实现精准的供需匹配，按照生产作业要求以智能化的方式连通物流和作业工位，为工厂的物流运营提供方便。从规划和运营的角度上来看，企业在建设智能工厂物流信息平台时需要确保信息平台战略框架与制造物流供应链发展导向协调一致，同时充分考虑各项前提条件的限制，如业务、应用场景、过程瓶颈、技术条件、约束条件等，并在规划的过程中持续创新，将各种创新方法应用到智能工厂当中。

智能工厂的升级过程可划分为精益工厂、数字化工厂和智能化工厂三个阶段，这三个阶段所使用的物流信息平台也各不相同，具体来说，其不同之处主要体现在覆盖面、连通程度、技术应用场景和软硬件设施等方面。在建设物流信息平台的过程中，企业必须重视各项实际问题，如产品物流质量、交付效率、终端交付期、物流投入与运营成本等，并确保物流信息平台可以在解决各项实际问题时发挥作用。智能工厂可以借助物流信息平台来打通企业内外的价值网络，提升企业内外的协同性，并在此基础上实现纵向集成、横向集成以及端到端集成，进一步提升工业制造的网络化程度，如图5-1所示。

（1）纵向集成

在智能工厂中，纵向集成指的是对成品交付物流各环节的计划、执行、绩效数据和实物流动过程等内容的集成，主要涉及成品下线、包装、生产总装、物料齐套、检验、存储、到货和入厂等环节。纵向集成可以打通物流过程中的各个环节，化解企业内部的信息孤岛问题，支持智能工厂实现有效交付。

（2）横向集成

随着工业互联网等技术的快速发展，横向集成在世界各国企业中应用日渐

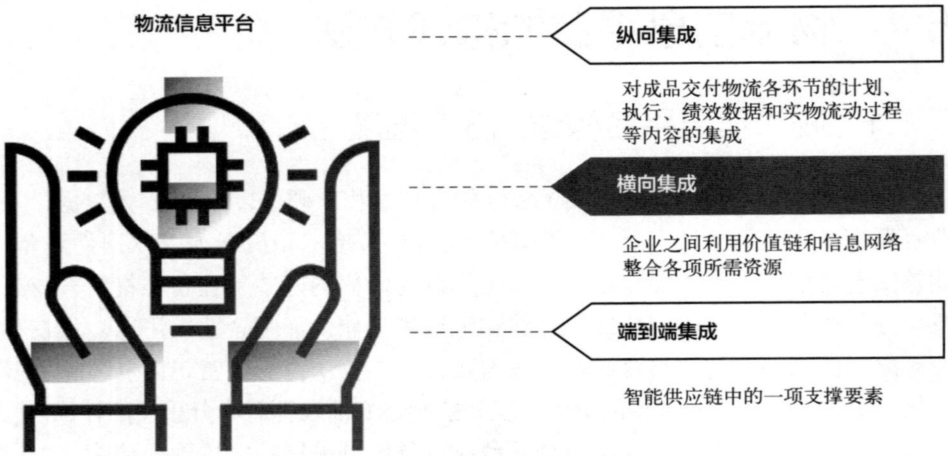

图5-1　物流信息平台构建的3个维度

广泛。在智能工厂中，横向集成指的是企业之间利用价值链和信息网络整合各项所需资源，主要涉及订单信息、交付要求、物流网络的管理、库存与存储中心、产品发运要求与日程、中途物流运输与配送等内容，可以充分发挥信息系统的作用，集成企业间的订单流、物料流、信息流的交换过程，以及企业内部物流和生产的过程。

对企业来说，横向集成有助于整合业务和供应链，共享同一层的数据和信息，自动触发各个业务模块中的各项相关活动，支持各个业务子系统之间进行信息交互和资源共享，推动智能工厂的生产配置走向动态化。

（3）端到端集成

在智能工厂中，企业可以通过端到端集成的方式构建以客户价值为核心的价值网络，打造竞争优势，在最大限度上优化用户体验。端到端集成是智能供应链中的一项支撑要素，主要涉及物流配送、分拨、成品库存、终端交付、成品流向不同渠道、客户交付响应能力和物流质量体验等内容，在智能工厂物流中发挥着十分重要的作用。

5.1.2　物流信息平台构建的8个原则

对企业来说，在搭建和使用智能工厂物流信息平台的过程中，应确保物流管理平台及供应链的智能化程度，以便后续进一步更新升级智能物流、智能生产和智能制造。不仅如此，制造业模式正在不断革新，为了充分满足物流需求，企业也要针对新的制造业模式持续升级供应链物流信息管理技术，并对智能工厂物流信息平台进行优化。

具体来说，物流信息平台构建的主要原则如图5-2所示。

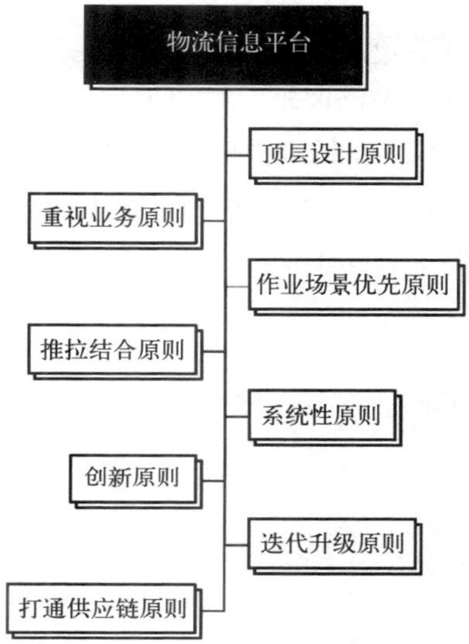

图5-2　物流信息平台构建的8个原则

（1）顶层设计原则

在物流信息平台构建方面，物流软件顶层设计离不开工厂物流智能化策略的驱动。企业需要在明确建设目的的前提下，充分发挥智能制造战略的作用，设计符合自身实际情况的智能化物流信息实现路径，并对物流信息平台的概念设计、关键功能、绩效和系统化的功能模块等进行优化调整，摒弃一些不合理的物流模块和软件，防止其对物流运营造成限制。

（2）重视业务原则

在建设物流信息平台的过程中，企业需要以智能化物流业务为基础，明确该平台在业务发展、绩效提升、周转率、盈利能力、核心竞争力以及客户价值等方面的作用，并充分利用物流信息技术，增强自身在业务经营方面的能力和水平。

（3）作业场景优先原则

物流作业场景的数字化程度和智能化水平直接影响着物流及生产的有效性，因此企业需要遵循作业场景优先原则，通过确保物流和生产有效的方式来提升智能工厂运营的有效性。具体来说，物流作业场景主要包含收货、分装、分拣、检验、存储配送、成品盛装、成品存储、成品发运和工位物料使用等。

（4）推拉结合原则

企业应认识到未来制造业是以交付为拉动核心，因此应促进制造、物流和供应链互相协同，并厘清供应链逻辑，构建推拉结合系统。从“需求拉动”和“计划拉动”两个方面入手，加强对供应链和交付能力的管理，并深入分析各项特征参数和关键绩效指标（key performance indicator，KPI）数据，明确数据管理逻辑，加深对软件的了解和把控。

（5）系统性原则

智能工厂物流信息平台正在向一体化和互联化的方向快速发展，具有功能多样的特点。为了提升企业信息平台上线时的清晰度和理性化程度，企业需要重新设置软件系统的功能和名称。

（6）创新原则

在构建智能工厂物流信息平台的过程中，企业需要充分认识到互联互通的重要性，并发挥创新能力，向平台中引入新技术，适当对平台进行创新。

（7）迭代升级原则

在构建智能工厂物流信息平台之前，企业需要先明确未来发展趋势，围绕最终目标制订科学合理的升级计划，并将目标划分成多个小目标，设计目标达成路径，以便按部就班地落实计划内容，实现最终目标。

（8）打通供应链原则

智能物流是建设智能供应链的重要一环，可以连接起供应链中的各个环节，全方位记录物料和产品流动信息，提升供应链的效率和价值链的协同能力，减少成本支出。

5.1.3 物流业务框架搭建与需求梳理

（1）物流业务框架搭建

物流业务框架搭建可以在一定程度上影响企业价值流的畅通程度和执行的高效性。

① 物流业务梳理。物流业务梳理主要涉及三项内容，分别为物流现状调研、物流运作模式诊断和物流系统水平评价，除此之外，在梳理各项物流业务的过程中，企业还需优化和提炼各项相关信息，如业务逻辑、物流过程要素、物流作业场景、智能物流单元标准作业规范、各个关键环节的绩效要求等，以便在结构层面减少限制。

② 目标流程及物流框架定义。目标流程是连通战略和业务的关键，物流框架是目标流程实现的物理和信息技术基础。对企业来说，可以借助目标流程和物流框架来把握业务价值链，进一步构建物流业务流程框架，厘清物流业务能力框架，并明确价值链的痛点、断点及爆炸点，以核心业务为主线，充分落实业务运作模式，明确业务边界及相关参数。

③ 业务流程端到端打通。流程是承载业务流的通道，其通畅程度在一定程度上影响着企业的活力。对企业来说，为了保证流程运行顺畅，需要从优化计划、流程参数和组织绩效等多个方面入手，打通端到端的物流流程，充分了解各个关键环节中的物流作业场景、输入输出的关键作业要素，并掌握与制造、检验等环节相关的各项协同功能。

④ 详细业务流程开展。在智能工厂物流方面，详细业务流程主要涉及岗位职责、单据表格和操作规范三项内容，工厂在开展检验、搬运、卸货、流转、存储、分拣、打包和配送等详细作业的过程中，通常需要用到各类物流设施。

⑤ 物流业务框架搭建。在制造企业中，制造系统主要包含12个工作模块，分别为计量管理、物料计划、采购寻源、主生产计划、生产品质管理、成品物流管理、入厂物流管理、生产制造作业计划、制造供应链计划、智能制造系统（制造供应链）规划、生产制造与工位物流管理、库存控制与产成品交付。各个工作模块中均有物流业务，而物流业务也将各个工作模块连接成一个整体。

（2）物流智能化信息需求梳理

在传统的系统架构中，物流、计划和供应链方面的各项内容通常分散在各个管控系统当中，呈现出碎片化的特点，因此企业难以有效推动基于该逻辑架构的信息平台实现数字化和智能化。在智能工厂中，物流信息平台大多遵循“以交付为中心”“大物流小生产”和“智能工厂物流中心化”等原则，以智能化的方式处理物流配送、车间排程、生产备料和需求管理等工作。而以物流为主线的智能工厂概念设计模型、初步规划模型以及详细规划模型如图5-3～图5-5所示。

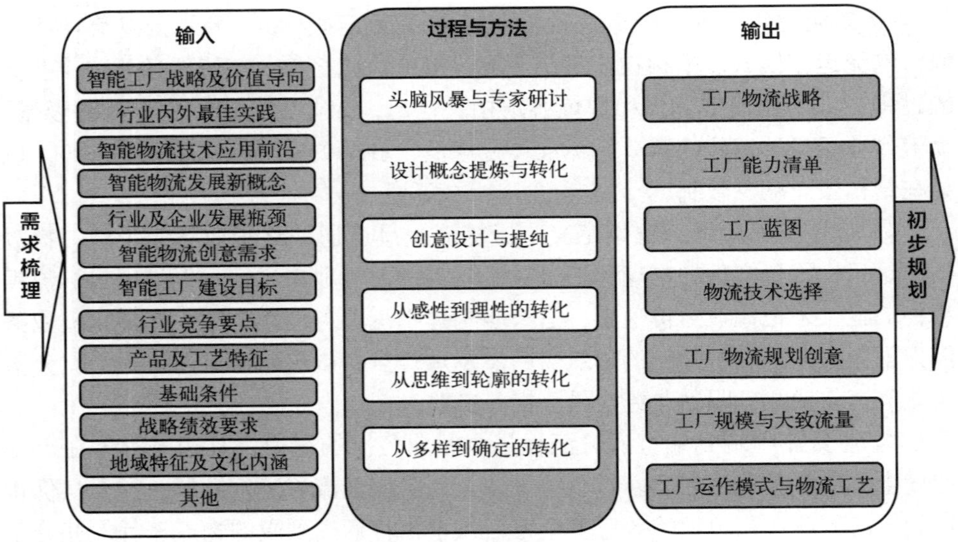

图5-3　以物流为主线的智能工厂概念设计模型

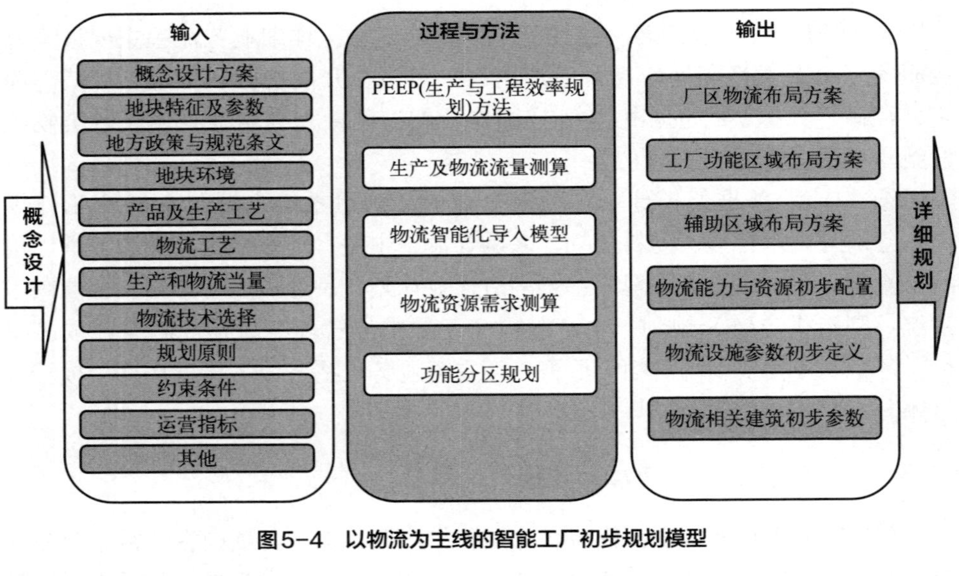

图5-4　以物流为主线的智能工厂初步规划模型

企业在规划物流过程时通常会以订单交付模式为参考。具体来说，在汽车、家居、个性化家电等领域，企业大多采用面向订单生产（make to order, MTO）模式和网络化工厂布局，注重监控个性化订单交付过程；智能工厂物流信息平台具有更具体、更细致的流程和内容，且智能化管理的颗粒度也相对较细，十分重视客户满意度、订单交付准时率以及物流资源调度的高效性。在

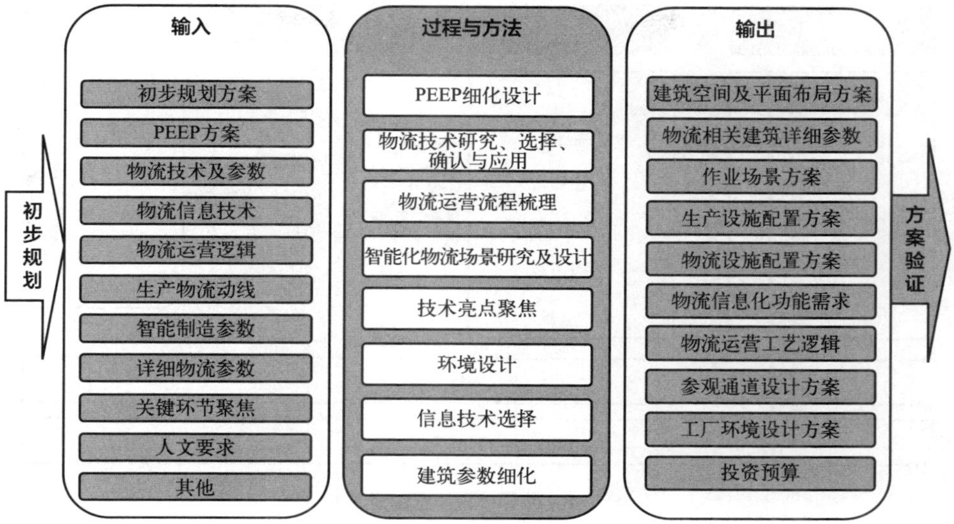

图5-5　以物流为主线的智能工厂详细规划模型

饮料、食品、手机等领域，企业大多采用按库存生产（make to stock，MTS）模式，在信息平台覆盖面、库存周转率、效率损失等方面的要求更高，且十分重视库存流动、门店管理算法和分布式生产模式等内容。

在构建智能工厂物流信息平台的过程中，企业需要认识到智能工厂具有虚实结合的特点，并充分考虑虚拟信息、虚拟制造、参数选择、执行过程与在物理空间中作业时的人、机、料、法、环之间的对应问题。物流信息平台不仅具备存储信息的功能，还需具备一定的过程监控和实时反馈功能，能够帮助企业掌握信息与物理之间的偏差，并对相关数据进行分析处理，从而以智能化的方式优化调整各项制造设施和物流设施。

5.1.4　物流信息平台构建的核心逻辑

（1）平台构建的层级

一般来说，物流信息平台主要包含策略层、管理层和执行与考核层。从策略层到执行与考核层需要依次经过计划、标准、执行落地三个环节，从执行与考核层到策略层则主要涉及物流作业数据、绩效和运营有效性等内容。具体来说，物流信息平台构建层级如图5-6所示。

在智能工厂物流信息平台中，策略层可以在一定程度上反映出企业的物流供应链战略，主要用于横向管理库存、物流计划、制造计划和物料供应，连通

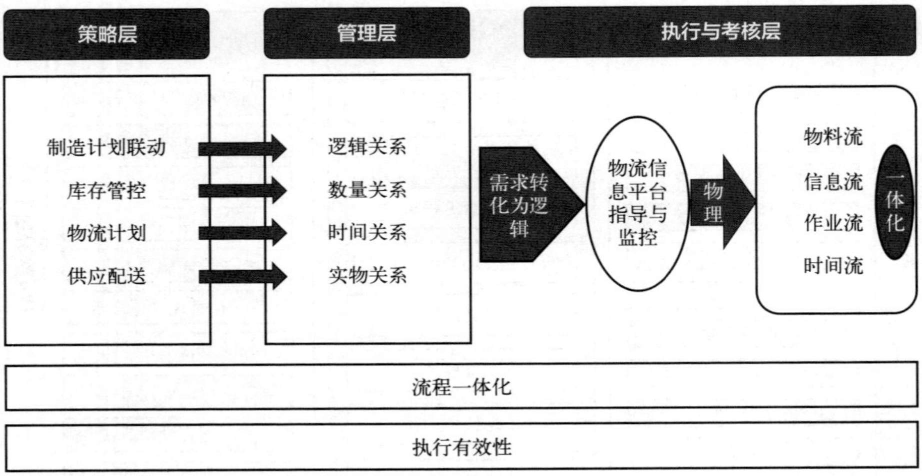

图5-6 物流信息平台构建层级

生产计划、采购计划、物流计划，充分把握原材料库存、在制品库存、成本库存的标准和差异，加强对库存情况的控制，保证生产的稳定性。智能工厂物流信息平台的管理层在资源关系的打通过程中发挥着重要作用，具体来说，主要涉及逻辑关系、数量关系、实物关系和时间关系。智能工厂物流信息平台的执行与考核层可以为智能工厂中的工作人员提供许多作业现场相关信息，如物料的流动情况、对生产的支持情况以及与信息之间的对应情况等，因此相关工作人员可以根据执行与考核层的信息采集来衡量物流绩效，并判断交付的有效性。

（2）技术实现的层级

从技术关系上来看，智能工厂物流信息平台可划分为逻辑层、映射层和实物层，且这三个层级分别与不同的技术应用和实现手段相对应，如图5-7所示。

从图5-7中可以看出：

① 逻辑层所对应的技术为物流规划和信息的顶层设计技术，在构建智能工厂物流信息平台时，企业需要从搭建决策支持平台入手，明确计划链中的各个环节所涉及的各项技术，如协同技术、推拉结合的积放链技术、指令与信息回馈对应与联动技术等。

② 映射层所对应的技术可以支撑日常运作与管理过程实现可视化，主要包含数据算法、入厂物流信息采集技术、制造物流过程信息技术、参数集成与KPI呈现，涉及数据的集成、过滤、处理和存储等多个环节。

③ 实物层所对应的技术主要与设施和数据相关，生产现场的作业过程离不开设施驱动和执行，同时企业也需要采集、传输和可视化呈现各项执行数据。

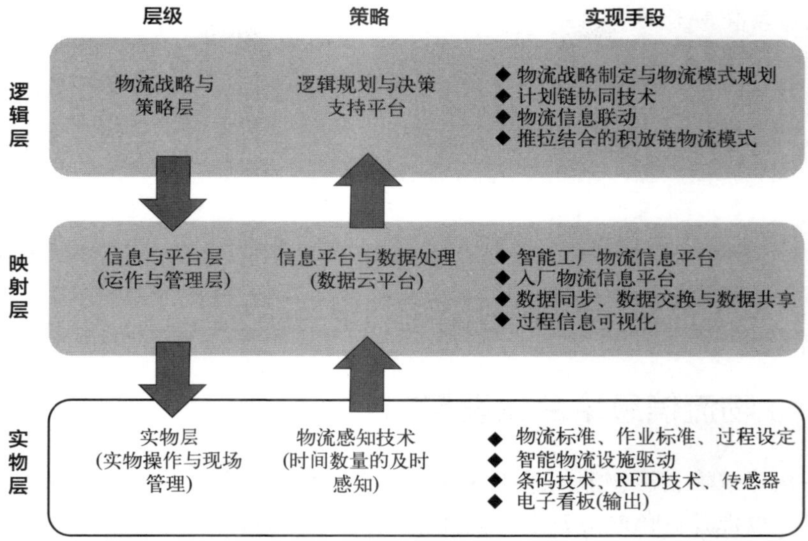

图5-7　物流信息平台的不同层级对应的技术关系

（3）信息流和实物流的协同

在智能工厂运营中，信息流与实物流的协同本质是“数据驱动实物、实物反馈数据”的闭环机制。其中，信息流涵盖从战略层的物流计划、制造计划到执行层的作业指令，通过逻辑层的计划链协同技术、映射层的数据算法等实现跨层级传递；实物流则表现为物料配送、库存移动、生产作业等物理过程，依赖实物层的物流感知技术与智能设施驱动。

两者的协同并非独立运作，而是通过积放链推拉体系形成联动关系。例如，成品发运计划拉动产线配送、物料齐套等实物操作，同时现场传感器采集的实物流数据通过映射层同步至信息平台，修正后续计划。具体来说，信息流和实物流协同机制的落地路径如下：

· 第一层：信息流对实物流的精准指引。物流计划与生产计划通过信息平台实现数据互通，将用户需求转化为制造计划与物流计划，确保信息流与实物流在生产链条上的一致性。

· 第二层：技术手段与业务场景的融合。基于历史数据与预测模型制订主生产计划，通过积放链系统推动物料按预设路径流动，适用于标准化程度高的批量生产场景；当个性化订单触发时，信息平台实时调整积放链的物料分配策略，驱动智能仓储设备按需分拣配送。在这个过程中，逻辑层的推拉结合积放链技术与映射层的过程信息可视化技术，能够确保信息流的策略指令与实物流的设备动作实时同步。

- 第三层：实物流对信息流的持续优化。实物层的传感器实时采集物料流动的时间、数量等数据，通过映射层的入场物流信息采集技术转化为结构化信息流。信息平台则基于实物流反馈的数据分析计划偏差，从而自动调整后续策略。

5.2 物流信息平台的管理与运营

5.2.1 物流信息平台建设与规划

在构建智能工厂物流信息平台的过程中，企业需要明确以交付为中心的业务需求，以提升订单响应及交付的速度和精准度为目标，掌握拉动逻辑，积极拉动以物流为载体的价值链，以嵌入式的方式展开物流供应链布局工作，在物流供应链中引入智能化的生产设施、物流设施、监测设施，设置统一的运营参数和绩效指标。

智能工厂物流需要明确订单交付和发运计划，并以此拉动总装作业计划和实际现场作业，同时也要提升物料实物齐套率，并以此来拉动自制件与外购件的匹配计划和实物配套。不仅如此，为了实现在物流的批量、批次以及生产工位配送等方面的协同决策，还要综合考虑多项计划，如库存计划、物流计划、采购计划和生产主计划等，并深入分析物流运作计划和各项相关数据，以便为正常运营各项智能物流设施提供支持。

对企业来说，可以进一步加强对计划、采购、厂内物流及生产作业的管理和控制，并对整个业务流程进行监控，以便实时把握业务完成进度，及时发现和处理异常情况，做好事前防御和事中控制，提升各个业务部门之间的协同性，保证生产的智能化程度和交付的有效性，同时也可以在此基础上不断优化PDCA管理循环[1]，推动工厂向数字化和智能化的方向发展。

企业应厘清智能工厂物流运营的数字化逻辑，以便促进各项智能制造设施和智能物流设施正常运转，充分保证计划、采购、生产、物流等各环节信息联动的有效性，及时发现异常情况并发出预警信号，实现实时监控、预先控制和及时管理。

---

[1] PDCA管理循环：一种质量管理方法，将质量管理划分为Plan（计划）、Do（执行）、Check（检查）和Act（处理）四个阶段。

在制造业领域，为了打通智能工厂的价值链，企业可以搭建智能工厂物流信息平台模型，厘清供应链运营流程，找出整个流程中至关重要的环节和工序并进行标准化、可视化、有效化的管理，并在处理价值链各环节关系方面实现基于一体化平台的系统化决策。

智能工厂物流信息平台的建设离不开各项要素的支持，企业需要全方位集成各项相关要素，明确从信息逻辑到物理逻辑的对应关系，对各个管理模块进行合理细分，同时保证各部分之间的协同性，并搭建物流信息平台。具体来说，企业在建设与规划物流信息平台时，应该注意以下几个方面：

· 企业应确立主生产计划的滚动模式，针对物流运营展开中长期预测，并以此作为长期采购和生产的重要参考，同时制订合理的订单或库存计划，并以此指导总装。

· 企业应明确净需求，并据此开展平准化精益排序工作，确定总装顺位计划，同时整合仓库管理系统（warehouse management system，WMS）和制造执行系统（MES）。

· 企业应从总装顺位计划出发，进一步拉动外购、外协件和零部件的齐套计划，保证配送的及时性。

· 企业应根据物流计划进一步整合其他各方面的计划，如采购、生产、库存等，并集成各项相关业务。

· 企业应对物料流程作业进行跟踪，保证物料充足，同时也要对物料配套进行分析，确保物料与实际作业配套。

5.2.2 物流信息平台的关键要素

（1）采购业务端

采购业务端主要负责与供应商相关的各项工作，如自动寻源、根据供应商基础数据自动下单和自动提示供应商交付要求等，通常涉及采购、生产和交付等环节。

采购业务端可实现到货预约和叫料管理等功能。具体来说，采购业务端支持发送ASN（预先发货通知）单号、在线到货预约、供应商到货计划编制、供应商实时库存查看、JIT（准时生产）系统物料拼车装货、装卸货车辆排队叫号管理；同时也可以自动生成和发送叫料指令，在线打印带有条码的送货单和物料标签，监控厂内送货车辆的作业情况和滞留时间，预测到货风险。

（2）入厂物流端

入厂物流端主要负责规划和监督供应商交付过程，提升采购的数字化和可视化程度，通常涉及装车、运输、收货、检验和入库等环节。在智能工厂中，入厂物流端可实现多种功能，如自动预警、车辆调度、匹配到货单、控制车流量、未到货车辆预警、管理装卸货车位、记录车辆出入厂的时间、判断入厂到货的准确性、监控装卸货的时间和效率等。

（3）库存与仓储物流

库存与仓储物流是物流信息平台中的关键场景要素，可实现多种功能，为智能工厂在物流方面的各项工作提供支持。具体来说，库存与仓储物流可支持智能工厂管理物料和库位、扫描物料出入库的标签和单据、监控齐套率、监控物料在库时间、监控实时库存和发送预警信息、监控来料质量和物料品检效率、工单信息预警与处理状态管理。不仅如此，还可以为智能工厂物流信息平台实现拼箱、拆箱、齐套管理等功能提供强有力的支持。

（4）生产协同端

在智能工厂中，工位物流可以影响智能工厂物流系统的多个方面，如物流设施、生产设施、物料单元、作业单元、作业主体、产线节拍、信息采集和作业反馈协同等，进而形成工位物流作业场景。在这一场景中，智能工厂需要展开系统化思考、集成化实现和智能化协同。生产协同端可以将智能化元素引入关键工位和环节当中，按部就班地落实各项集成业务，并通过对关键环节的智能化升级驱动上下游各环节实现系列优化，以便企业快速推进智能工厂建设和物流信息平台搭建工作。

生产协同端主要负责满足数字化生产的流动性要求、智能制造的时间和数量要求，并在这一过程中支撑智能工厂实现工位智能配送和作业协同，通常涉及分拣、齐套、生产、打包、配送等多个环节。在生产协同端，智能工厂可以查询各产线的生产作业计划，查询物料配送计划，监控作业计划生产进度，监控物料的分拣、齐套和配送进度，设置物料配送拉动点，传输配送指令，采集、传输和处理各项物料信息。

（5）容器管理

对物流基础相对较差的企业来说，在构建智能工厂物流信息平台的过程中，需要先做好容器管理工作，提升物料包装设计水平，推动物料包装实现单元化、通用化和标准化；同时针对各个基础环节进一步扩展各项相关标准，如搬运标准、运输标准、配送标准、存储标准、工位暂存标准等，以便后续推动物流走向数字化和参数化，有效落实流程梳理工作。

容器管理的过程较为复杂，但这项工作具有较强的必要性，是影响物流信息数字化情况和运营平台建设情况的重要因素。具体来说，容器管理主要与物料尺寸、产品结构、质量要求定义、容器具管理流程、包装模式切换和产品结构表分解等内容相关。

容器管理包含基础信息维护、日常运作管理和资产管理等多项工作。其中，在基础信息维护方面，主要涉及颜色、材质、器具类型、器具编号、物权所属和包装挂链关系等内容；在日常运作管理方面，主要涉及维修、更换、报废、信息维护、出入库管理和容器具回收预约等操作；在资产管理方面，主要涉及数量管控、租赁管理、采购管理和物流容器具费用管理等工作。

（6）成品交付端

在智能工厂中，成品交付端负责快速响应市场要求，主要涉及入库、存储、检验、分拣、装车、运输和交付等环节。一般来说，企业需要先建立对应关系，并充分发挥智能工厂物流信息平台的作用，加大对各个关键环节参数和标准执行情况的关注度，如送货计划与到货管理、存储计划与存储现场、配套计划与实物配套、作业计划与现场作业管理、总装计划与总装作业管理、装车计划与装车装柜等环节，进而实现一体化的数据和偏差管理，为系统实现差异控制、先期预警和应急管理等功能提供强有力的支持。除此之外，在成品交付过程中，企业还需综合考虑与设计相关的各项问题，具体来说，主要涉及存储空间的数字化规划和智能仓储设施、包装器具设计与身份管理、成品下线到智能化快速化装车模式、工位智能化配送模式和相应参数设置等内容。

企业互联网支持人、机、料、法、环、测各要素互联互通，互相协同。在智能工厂物流信息平台中，各项资源和信息将在横向和纵向上实现互相协同、互相联通。具体来说，供应链全流程的要素管理与联动如图5-8所示。

随着智能生产、数字化物流、数字化采购和价值链打通等工作的不断推进，供应链计划和执行与信息平台之间的融合度越来越高，企业已经可以逐步构建起信息物理系统（cyber-physical systems，CPS），差异可视化也将反馈到整个物流信息平台系统当中，进而实现系统的实时反馈，同时自组织和自管理的智能化水平也将进一步提高，为企业实现智能制造提供强有力的支持。

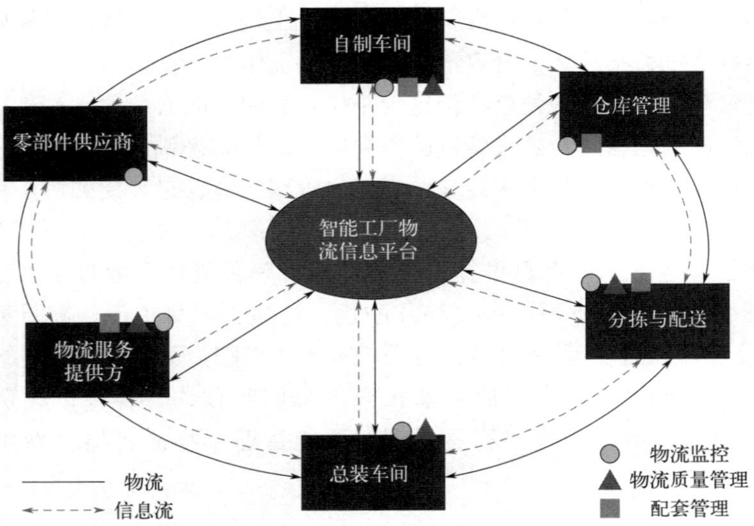

图5-8　供应链全流程的要素管理与联动

5.2.3　物流信息平台的应用拓展

（1）向智能供应链拓展

为了提升智能工厂物流信息平台的有效性，在构建该平台的过程中，企业需要充分发挥大数据战略的作用，并将各项相关要素均引入该平台中，如产品、技术、客户、服务、订单、物料、工厂、仓库、库存、门店、计划和供应商等；同时也要严格遵循供应链大数据的逻辑要求，确保交付体系可以在运营过程中获取标准、计划、执行三者之间的数据差异，并利用相应的算法展开优化工作，进一步提升制造供应链的智能化程度。

（2）物流运营颗粒度更加细化

近年来，智能制造和智能物流快速发展，个性化和精准化程度不断提高。未来，物流作业场景在精确度和管理粒度方面的要求将进一步提高，制造业企业需要充分考虑技术的现场应用与协同问题。从实际操作上来看，在使用物流信息平台时，企业需要梳理整个流程，并优化物流模式规划和参数设计，充分发挥出智能制造运作对该流程的拉动作用。

（3）物流数据驱动模式更加明显

就目前来看，许多制造业企业将交付模式转变为以客户和消费者为中心，为了确保交付的有效性，物流供应链也要做出一定调整，部分企业逐步建立起以数据为驱动的物流信息平台。随着智能制造的快速发展，大多数全渠道产销数字化企业都认识到了客户订单和交付数据的重要性，并围绕这两项内容展开各项相关工作，同时加强与互联网和云计算平台的联系，推动信息化向制造大数据和消费大数据升级。企业的信息平台应呈现出层级高、广度大、深度大、细化程度高等特点，既能够充分满足各个模块、功能及数据的需求，也能够达到全价值链互动、智能、瞬时的要求。

由此可见，随着智能制造的业态、场景和战略不断升级，当前市场中已有的软件已经无法充分满足全价值型的智能化供应链和智能制造的需求，因此制造业亟须根据智能制造的发展情况对各项相关软件和信息平台进行升级。

5.3 智能物流运营管理的6大要点

5.3.1 要点1：打通物流计划

物流集成是工厂物流运营的要点，是落实经营战略、提升战略绩效的关键。智能化物流系统是智能工厂物流运营的重要工具，可用于制订和执行运营计划，并实现物流运营的差异管理。但是，并不是所有的智能工厂都已实现物流系统的完全智能化，精益化物流、数字化物流、智能化物流往往应用于同一家工厂，同时三种物流范式尚未发展成熟，还有较大的迭代空间。

在工厂物流运营管理中，工厂物流计划居于核心地位，主要涉及物料和产品的流转。工厂物流计划由到货计划、收货计划、配送计划、供应物流计划、库存计划等多项细分计划组成，通过各计划的协调配合得出最优物流决策，以实现物流作业的高效运转。

工厂物流计划服务于生产计划，根据各环节的作业标准制订物流计划，并确定起止时间，以在物流环节间建立协同关系，实现各环节的差异管理。不同物流环节的工作内容和性质不同，因此采用的时间精度也不同。对于较为宏观的或带有规划性质的环节，比如库存计划、供应生产等，一般采用“天”等较大的精度范围；而对于与具体操作有关的环节，如工位配送、装车计划等，则采用“小时”“分钟”等较小的精度范围。物流环节精度将为差异识别的灵敏度设置提供参照。

物流计划需要用到多项参数，比如标准时间、资源配置、执行差异、计划联动等。在计划编写方式的选择上，手动编写工作量大，并且很可能无法满足物流精细化管理的要求。比较好的方案是为物流计划设计一系列算法，对应各个子计划，而后在工业应用软件或信息系统完成算法固化，由此得到物流计划。如果选择信息系统固化，则无须人工操作便可获取到系统输出的计划，更加简单便捷。智能工厂物流系统是物流计划的制订者和调节者，在制订计划时参考已知的条件，根据计划各环节与实际执行情况的对比结果对计划实施调整，实现系统效率最大化。

需要注意的一点是，各物流环节在标准化方面存在一定短板，因此经常会出现实际执行情况与物流计划不符的情况，部分企业在面对这种情况时会选择直接将物流计划否定掉。客观来说，企业的这种做法并不可取，因为计划本来就很难做到与尚未发生的现实完全合拍，计划与执行间存在出入实属正常，需要企业在实践中不断对计划做出调整和优化，使计划发挥出应有的价值。

5.3.2 要点2：消除物流断点

物流运营管理的目标是加快物料和产品的周转，缩短等待的时间，尽量避免价值链运转处于停滞状态。坚持“制造工厂物流中心化”，从物流环节入手，着力实现精益生产，按照数字化、智能化的要求引进和更新物流装备，贯通价值链的各个环节，打造连续流，确立精益化、数字化、智能化的物流范式，促进工厂的高效运营，进而提升工厂物流运营的战略绩效。

可以从以下三条路径出发完成连续流的建设。

（1）通过“硬链接”连接上下游节点

持续运转的流水线即典型的“硬链接”。以往的生产往往将充分利用各个工序的产能作为目标，忽略了不同工序间的协调，使得各环节成为孤岛，上下游缺乏连续性，造成半成品数量增加，加大了库存压力，并产生严重的资源浪费问题。随着工厂的迭代升级，工序孤岛的问题得到了有效解决，工厂通过流水线打造连续流，将原本缺乏协同的工序整合起来，在各节点间建立起紧密连接。

（2）基于物流计划协同舍弃部分环节

以某工厂为例，该工厂建有两个存放零部件的仓库，称为一级库和二级库。一级库和二级库分别用于存放一个星期和3天的零部件库存，管理者分别是第三方物流团队和内部团队。智能工厂建设完成后，对物流计划进行了一定的调整，将工厂线边仓作为物料配送目的地和物料存放场所，库存周期不超过3天。这种

情况下一级库已没有存在的必要，由此工厂通过取消一级库节省了大笔成本。

（3）借助智能物流形成自动连接

以上面提到的智能工厂为例，工厂的线边仓引入了智能物流，可自动完成物料的接收、检验、入库、存放、配送等操作。在自动化的作用下，各环节之间连接紧密，形成连续流，大幅减少了仓储区域的占地面积以及参与人员数量，节省了物流成本。

5.3.3 要点3：优化库存控制与管理

库存控制与管理应遵循差异化的原则，不同物料和产品在运输距离、稀缺性、品质等多个方面存在差异，因此需根据物料和产品的性质和种类选择适合的库存管理方式。合理的库存策略有助于提升智能工厂的经营效益。

影响原材料库存的因素有采购批量、采购周期等相对固定的指标，以及质量合格率、供应商稳定性等存在变动的指标。从另一个角度来说，原材料库存能够反映采购、生产等各项计划的执行情况。库存标准的制定与物料供应策略有着紧密的联系，由此形成了两条原则：

- 物料的可得性受到供货距离的影响，如果供货距离比较远，就需要提前较长的时间来规划和执行物流，此时需要相应地采用较高的库存标准；如果供货距离比较近，则只需提前较短的时间去规划和执行物流，此时可相应地采用较低的库存标准。
- 大量高频次的物流对应较低的物流标准，而少量低频次的物流对应较高的物流标准。

工厂需根据基本物料供应策略确定各类物料的具体供应策略，并制定相应的物料库存标准。影响在制品库存的因素主要包括生产计划（工序周期、生产批量、生产节拍、上线模式等）以及生产过程数据（生产质量、生产数量、生产时间等），前者相对固定，后者则存在变动。

从投放物料到全部产品制造完成并入库是一个生产周期，控制生产周期是控制在制品库存的有效手段。缩短生产周期可以增强生产体系的灵活性，加快各节点的响应速度和在制品的流转速度，由此达到降低各节点在制品库存的效果；反之，生产周期的拉长会产生更多变数，增加生产管理的难度，使库存无法得到有效控制。制造企业可通过多种手段压缩生产周期，包括价值流优化、单件流优化、打造流水线、构建应用模组等。

影响成品库存的因素有需求预测准确性、客户履约情况、交付周期、发货频率、生产执行等，另外，搬运和存储过程中出现的货品损失也要考虑在内。控制成品库存要从成品的交付策略和库存标准入手。制造企业可选择按库存或订单生产，由此形成了两种成品交付策略，企业可根据产品性质综合采用两种策略：有的产品订单量大、订单趋势稳定、标准化程度高，对于此类产品使用按库存生产的策略，始终保持库存充足，保证产品的交付效率，并起到维持客户的作用；而有的产品订单总量较少、订单趋势波动大、标准化程度低，对于此类产品使用按订单生产的策略，防止出现库存积压情况，有效规避风险。

5.3.4 要点4：入厂物流智能化运营

入厂物流是采购物料后将物料运送到工厂的指定位置，需要运载装置、路线、人员等多要素的共同参与，包含入厂物流计划、车辆调度、物料运送、入库、对接厂内物流、包装、品质控制等多个节点。

由于入厂物流的复杂性，人工及简单算法已无法满足入厂物流管理的要求，需引入数字化、智能化手段，必要时还需采用数字孪生技术，以提升入厂物流管理的效率和精确性，实现资源的合理规划，创造更高的综合效益。

现实中入厂物流会受到种种不确定因素的影响，比如生产计划变动、货品供应的种类和数量发生波动、物流线路变更、车辆无法满载等。应对以上情况，需实现入厂物流智能化，采用智能化手段构建数学模型或算法，采集并分析生产计划、物料需求、订单信息、库存状况等各项数据，在此基础上制订入厂物流计划，并采取有效措施规避进厂物流中存在的风险，保障供应和到货的及时性，保持库存处于健康状态，达到节省物流成本的目的。

入厂物流智能化系统还可用于关键资源的量化管理，以实现资源的合理调度。具体应参考多方因素得出合理排程，在发现资源闲置和资源不足的情况时立即发出提醒，避免资源浪费或正常生产受到影响。此外，入厂物流智能化的职能还包括与供应商进行信息交互、实时监控入厂物流、调度运载车辆、规划运送路径等。

5.3.5 要点5：厂内物流智能化运营

厂内物流智能化运营需从多个要点入手，包括综合运用信息流和实物流、数字化管控、生产物流一体化等。在厂内物流管理上，传统工厂和智能工厂遵循相同的管理逻辑，然而管理形式和管理内容却差异巨大。比如，传统工厂采用发布单据的方式下达厂内物流指令，用到的单据类型有拣选单、配送单、检验单等，而智能工厂的厂内物流指令传达全部由信息系统完成。

总之，智能工厂采用的是智能化物流范式，由智能设备执行搬运、拣选、配送、入库出库等各项物流操作。在这样一种范式中，人的职责主要是改进物流管理逻辑，优化模型和算法，以促进库位的高速周转和物流系统的高效运作，同时减少物流过程中的能耗。以下是对智能化厂内物流场景的具体描述。

在物料已经到达工厂并完成卸货后，将物料置于收货端，收货端使用的接收装置通常有两种，分别是输送线和暂存货位，后者与AGV配合使用。物料单元分为周转箱、托盘单元、非标单元等多个种类，每个种类有对应的接收装置。物料单元需在输送线上接受统一扫描，另外还要随机选取一部分物料进行抽检，物料在检验室完成抽检后由专用的检验口排出。扫描或抽检结束后，完成物料的接收。通过智能物流系统管理物料状态，按照检验情况将物料状态分为待检验、正在检验、检验合格和检验不合格，对通过检验的物料单元执行入库操作。

物料和仓库货位都附有条码或RFID标签，物料入库后按照标识信息完成与货位的匹配，仓库的货位分为暂存位、排序区域、物流超市等多种类型。系统会根据物料的使用工位、尺寸、存放周期等信息为其选择最合适的存放位置，使物流系统在效率、精确性、响应速度、能耗各个方面做到极致。举例来说，有些物料的周转速度比较快，应将这类物料置于靠近出库口的位置，以确保物料的高速周转；有的物料本身尺寸较大，同时可无须处理直接上线，此类物料可放置于线边暂存区域，等待排序上线；另外，有的物料需要在上线之前接受拣选，此类物料需置于仓库的待拣选区域，或是用于拣选的流利货架。

系统根据物料齐套管理规则提供管理信息，做出相应的管理动作，确保物料齐套率达标。准确识别物料短缺风险，并向负责人发出预警，及时补充物料，避免正常生产受到影响。面对物料不齐套的情况，系统可以针对性地调整生产计划，制订出一个客户能够接受的交付方案，最大限度地满足客户要求。

系统基于总装工位的库存状况和计划执行情况开展数字化管理，管理对象包括人员、设备、作业时间。系统具备强大的分析能力和计算能力，能够针对各个工位和各类物料给出精确指令，保证物料通过输送线、AGV等运送装置及时准确地配送到指定位置，包括仓库、工位。

物料使用完毕后，使用条码阅读器扫描附着于物料单元的条码或RFID标签，将扫描得到的物料数据传回系统，供采购、生产、物流各部门参考，以开展后续的管理和运作。如果包装可回收，则对包装进行分类，留待后续处理。系统安装有专用于包装管理的功能模块或应用软件，可调度车辆完成空包装的回收，并根据供应商的需求将空包装返还，从而与供应商建立更加紧密的合作关系，同时通过循环利用达到节能环保的效果。

5.3.6 要点6：建立物流应急响应机制

智能物流系统能够独立完成智能工厂物流的运作，同时实现物流的自主管理，但这并不意味着企业在物流方面可以高枕无忧。一方面，物流系统可能会遇到问题和故障；另一方面，工厂外部的环境和形势充满不确定性，因此智能工厂经常要面对内外部因素带来的物流风险。考虑到智能物流系统在风险应对方面的局限性，智能工厂需对物流风险给予额外的重视和关注，建立完善的风险防控和应急机制。

在复杂的市场环境面前，企业需要应对多方挑战：

· 客户和消费者的需求和取向不透明，经常无法在交付效率和服务质量方面达到客户和消费者的要求；

· 促销优惠、价格战等商业手段的运用日益频繁，使市场需求处于剧烈起伏状态；

· 产品飞速迭代，新推出的产品可能很快就会被淘汰；

· 个性化需求的涌现催生出大量新的产品品类；

· 库存难以维持在适宜区间，从而影响新品销售和供应链稳定。

以上因素的存在使企业很难做出准确预测，无法恰当协调供需关系，此局面下工厂物流承受较大风险，需要企业开展有效的物流风险管理。物流风险管理的具体内容有开列风险清单、划定风险级别与优先级、应急处置管理、重大风险应对等。

应急物流是物流风险防控的重要手段，通过制订预案妥善地应对和解决突发事件造成的风险。突发事件具有紧急、危害大、不可预测等特征，由此决定应急物流需要采取非常规手段。国家、区域、企业各个层级都有应急物流的需求，在经历多次自然灾害和公共卫生事件的考验后，我国国家和区域层面的应急物流已相对成熟，相关机制已比较完善，不过企业层面的应急物流能力还有待提升。

应急物流管理主要由以下内容组成：归纳可能出现的应急物流场景，设计适用于各场景的管理流程、组织形式、响应机制，并针对应急物流管理开展人员培训和模拟训练。需从事前、事中、事后三个阶段把握应急物流管理：

· 事前尽可能考虑到突发事件的各种情况，形成应急物流预案，开展应急物流培训，如有必要可进行应急物流模拟演习；

· 事中专注于响应速度的提升，落实先前制订的应急物流预案；

· 事后做好总结和回顾，形成可供参考借鉴的案例，并根据实际发生的情况对应急预案、流程、组织实施更新。

第6章

数字孪生与智能工厂

6.1　基于数字孪生的智能车间建设方案

6.1.1　数字孪生车间的功能需求

数字孪生车间的作用贯穿智能车间的全生命周期，包括规划与施工阶段、运行与维护阶段。下面我们来简单分析一下智能车间对数字孪生系统的功能需求。

（1）规划与施工阶段系统的功能需求

使用二维图纸的传统车间规划模式需花费较长的周期，规划过程中车间工作人员无法形成有效协同，并且设计图纸具有一定的使用门槛，使得非专业人员很难做到充分利用。数字孪生车间需在传统车间规划模式的基础上做出改进，解决传统模式存在的种种问题。

（2）运行与维护阶段系统的功能需求

在车间的运行阶段，数字孪生技术的作用主要体现在提升生产制造的智能化水平。目前，传统制造车间存在以下问题，需要通过建设智能车间的方式解决：

· 监控的呈现形式以数据统计表为主，在直观性、可视化、集中程度方面有所欠缺，信息与设备很难形成明确的对应关系。

· 车间物流的运行依赖专家经验或事先制订的离线规划，未能建立起实时性的动态物流规划模式，无法制订出当前局面下的最佳物流决策。

· 生产调度采用被动方式，不能及时识别问题，影响后续资源调度的开展。

· 无法实现产品质量的精准追溯和全面分析，因而在工艺改造和质量提升上面临瓶颈。

· 不能提前发现设备故障，事后处理可能会对车间正常运行带来较为严重的影响。

针对车间运行阶段存在的种种问题，车间数字孪生系统应具备如表6-1所示的功能。

表6-1　车间数字孪生系统应具备的主要功能

功能	内容
车间全要素实时监控	基于车间监控结果，用可视化手段展现车间各项数据，便于工作人员查看
实时物流规划与指导	根据车间的实时运行状况规划物流路线，做出物流决策，并指导相关的人员和设备执行物流操作
智能生产调度	根据车间生产进度、资源及设备状况等对生产计划实施调整，实现主动性、前瞻性的生产调度

续表

功能	内容
产品质量追溯和分析	针对产品质量问题收集相关信息并模拟加工过程，通过模拟分析找出问题根源，提升加工质量
设备故障预测	通过收集设备信息数据预测设备故障，尽早完成故障的排除，最大限度降低设备故障对正常生产造成的影响

(3)从人机交互角度看系统的功能需求

将AR、VR等人机交互技术引入车间数字孪生系统，有助于提升用户的使用体验。例如用VR呈现系统中的三维虚拟车间，为用户带来沉浸式体验，优化车间数据的可视化效果，使系统能够更好地运用实时监控、物流规划、故障诊断等功能。

以上从三个角度出发介绍了车间数字孪生系统的功能需求，分别对应设计、生产、服务三个方面，各角度的功能需求之间有一定关联。

6.1.2 数字孪生车间的架构设计

用数字孪生的方式将车间设备运行状况以及产品生产过程真实地呈现出来，借此考察和分析计划执行、能源消耗、产品质量等关键指标，并在必要时发出预警。

生产过程包含各个种类的数据，其中有与生产本身相关的数据，如生产进度和产品质量，以及与设备有关的数据，如加工状态和故障参数。反映现场运行状态的真实数据是产线的重要组成部分，因此在进行产线仿真时需要将数据从物理实体产线传输到数字孪生模型中。传输过程要借助数据中转系统，运用数据中台。参照实时和历史两个层面的数据模拟设备的实时运行状态并做出相应的分析，针对可能出现的故障发出预警。

数字孪生车间的系统总体架构如图6-1所示。

这一方案运用的是B/S（browser/server，浏览器/服务器）架构，在3D绘图协议技术的帮助下，客户端用户访问数字孪生服务可以不受时间和地点的限制。在部署和运行上，数字孪生服务支持Windows系统、Linux系统，以及私有化服务器，另外这项服务还能够在工业互联网云平台上得到开展。

Unity3D引擎，以及物理仿真、图形界面引擎、粒子系统、脚本等模块插件，都是数字孪生底层开发所用到的工具。数字孪生系统需要一个围绕离散事件构建的仿真引擎，其核心功能借助引擎来实现，包括建立产线的仿真场景、

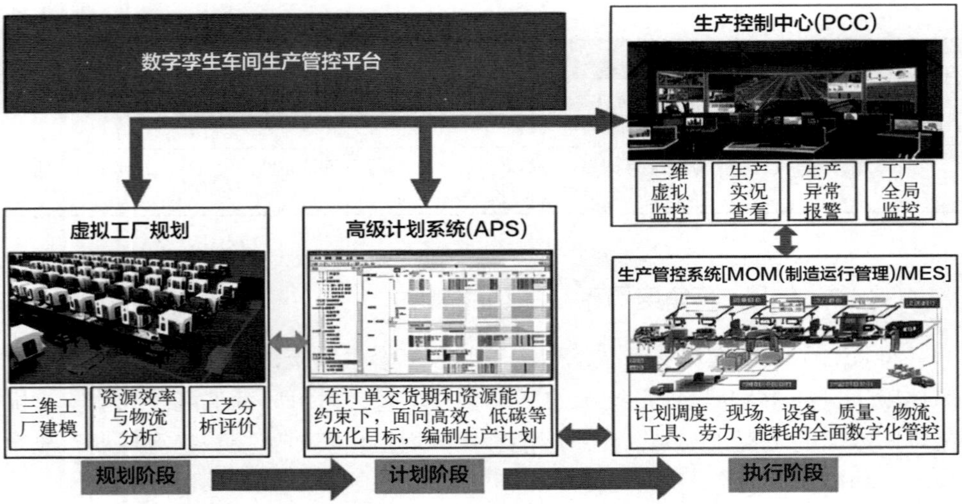

图6-1　数字孪生车间的系统总体架构

实时传输真实生产数据、实时映射虚拟物体、依据仿真模型开展对生产的分析，功能设计包括以下几个要点。

（1）生产线设备虚实映射

依托仿真模型和数据接入，进行实体产线和虚拟产线之间的交互，实现两者之间的全方位融合，同步进行生产要素管理、生产计划制订、生产过程控制等工作，通过数字化和智能化的手段加强对车间生产过程的掌控。

将产线在仿真模型中进行三维展示，具体展示方式有旋转、缩放、自动路径漫游、手动漫游等。对设备的运行状态进行动态仿真，在仿真展示中完成预设文件的读取。仿真对象除了产线和设备之外，还包括数据。首先借助数据感知、边缘计算设备完成数据的传输，随后数据在虚拟产线中用数据驱动模型仿真。通过仿真模拟，实体产线和虚拟产线之间形成了镜像和映射，两者具备较高的一致性和协同性，能够促进车间生产要素的高效管理。车间级的虚实映射如图6-2所示。

（2）生产监控、预警及数据可视化

数字工厂和车间是制造企业数字化升级的重要组成部分，通过对实体产线的仿真得到虚拟产线，并从全过程、全要素、全部数据入手实现虚拟产线和实体产线的融合，借助数字模型对产线做出实时监控和分析，让管理者更好地掌握产线的状况，提高决策的效率和质量。

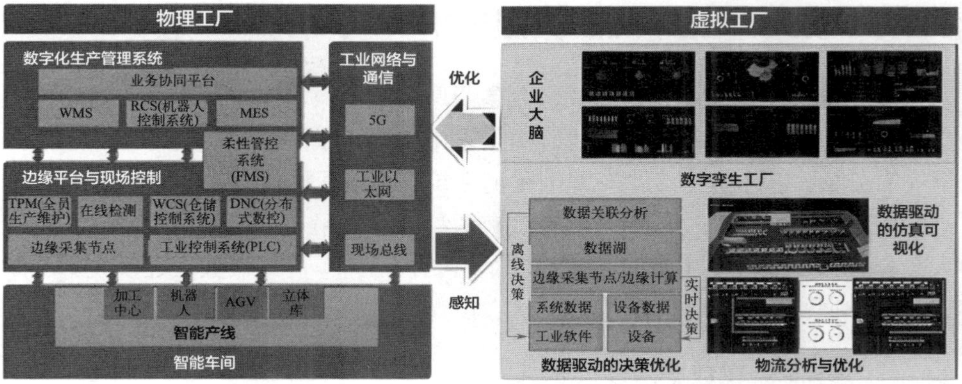

图6-2 车间级的虚实映射示意图

（3）智能化车间实现流程

建设智能化车间，要遵循以下流程：

· 以车间的实际场景和设备布局为参照，构建产线的三维模型，形成实际产线的数字孪生体。

· 实现虚实产线间的数据交互，将实时数据作为数字孪生体模型的驱动源，借助可视化面板在模型上展示产线现场的信息。

· 根据生产线的实时数据分析其运行状态，必要时发出预警。

智能化车间建设内容框架如图6-3所示，机床、机器人、WMS、AGV等负责采集数据，为后续的监控和预警做好准备。

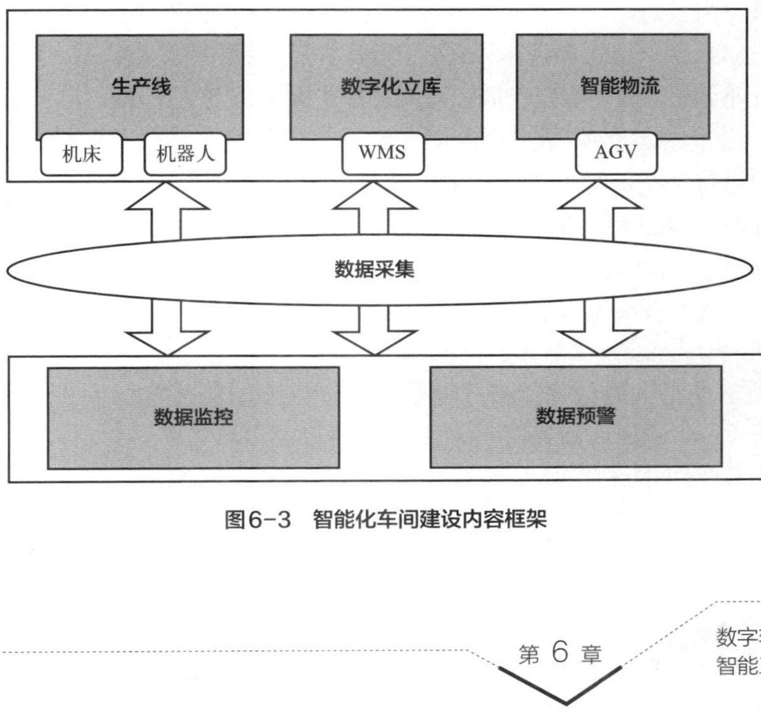

图6-3 智能化车间建设内容框架

6.1.3 数字孪生车间的关键技术

过去在分析车间设备状态时，会参照历史数据做出逻辑分析，并基于此构建模型，随后进行离线仿真分析。由于采用的是离线的方式，这种方法无法做到实时分析。基于数字孪生车间的预测系统则可以很好地解决这一问题。

围绕数字孪生建立起的预测系统有两种：一种采用仿真预测，另一种采用大数据预测。数字孪生车间的关键技术主要包括：车间场景数据建模技术、制造实时数据监控技术、大数据驱动状态预警技术。

（1）车间场景数据建模技术

在数字孪生系统中，数据分析建模是十分关键的一项工作，可以在数字空间中展现产线的实际运行过程。运用工业物联网，参考相关数据，构建物理实体产线的数字孪生体模型，再现产线环境，呈现产线运动状态，模拟物理机床的全生命周期，并实施相应的调试和控制操作，实现产线数字化。

① 设备建模。创建数字孪生体模型需要外部模型提供数据，如几何模型、数据模型、机理模型、知识模型等。几何模型又分为多个部分，包括具体外观形态上的几何外形、抽象理论概念上的几何外形特征逻辑关系、实际应用上的工程属性等。数据模型由多个数据源和网格模型组成，其中数据源有动态的和静态的，它们都可以用来对实际产线进行仿真，建立数字孪生体模型。

借助模型文件，模型接口实施互操作，能够接入模型并对其进行解析。比如，模型接口可以读取STEP等CAD模型，并完成几何外形的解析。模型制作过程结束后需要进行的步骤是三维模型的贴图。为了获得更高的真实度，需要从模型材质入手，选用漫反射贴图、法线贴图、金属平滑度贴图、环境光遮蔽贴图。另外需注意的一点是，要尽可能还原实际设备的状况以及所包含的信息。

② 场景优化。数字孪生系统的三维场景优化是为了改善运行状况，实现更优秀的运行性能。场景优化主要包括场景分块动态加载、场景缓存机制、贴图合并技术、静态批处理技术等几个关键点：

· 场景分块动态加载：根据车间和厂房的实际设备布局，将车间分成不同的区块，进行异步加载，用到的工具有 Unity3D 的 Addressable技术，运用 Addressables. LoadAssetAsync 模型。

· 场景缓存机制：需要进行场景的异步加载，同样要用到Unity3d，具体方法是使用SceneManager.LoadSceneAsync。

· 贴图合并技术：如果不同的设备型号一致，可采用相同的贴图以节省内存。

· 静态批处理技术：以确定的Static值作为前提条件。每一个物体都能够通过静态批处理技术获得一个合并网格（combined mesh），其DrawCall会下降，渲染能力将得到增强。

（2）制造实时数据监控技术

通过对生产制造过程的实时监控，可以及时识别问题和风险，避免造成事故和损失。传统的监控方式为人工巡检，这种方法效率不高，并且无法保证照顾到每一个环节和区域。而在数字孪生车间中，可以使用传感器收集现场数据，并借助数字模型开展数据分析，使管理人员得以实时掌握车间的运行状态，实施相应的生产调度，及时发现并处理设备故障等异常情况，确保生产的正常推进。

基于数字孪生技术，实时采集产线数据，从物理层面和生产工艺层面实施对产线的映射。在物理层面，着眼于采用可视化的手段映射加工过程中的多源异构数据，以此来监控车间画面。生产工艺层面，对数字孪生产线上的数据进行实时仿真计算以及监控展示，将实时生产数据引入生产工艺。

（3）大数据驱动状态预警技术

工业生产在自动化的道路上越走越远，自动化的生产过程是高度标准化的，但不代表可以完全排除不确定性因素。有些不确定性因素很难确认、界定和量化，有的甚至无法发现它们的存在，导致管理者无法全面而准确地把握生产过程，这为企业的决策和管理增添了不小的麻烦。

针对此问题，大数据驱动状态预警技术给出了解决方案，对生产过程实施透明化处理，实现对不确定性因素的量化，得出相对确定的生产过程信息，让管理者得以对整个生产过程了然于胸，做出更具方向性和针对性的决策。

为了提升数据采集的效率，在数据接入上花费更少的成本，需要采用更加简洁的数据采集方案，数据采集接口服务的规范应当明确而统一，从而适用于范围更广的数据信息。用来获取参数的前端网页表格应该符合以下几点要求：具备统一性，所遵循的规则比较简单，字段允许自定义。设备通信协议提供数据，数据的对接由数据采集模块负责，数据的结构和通信接口应当保持一致，发送数据一般借助HTTP协议和WebSocket协议，UI（用户界面）层接收到数据后将其显示出来。

此外，可以构建预警、报警指标体系。首先创建对应于各系统的特征模型，模型的建立要用到传感器中存储的历史数据，运用关联模型、主成分特征模型等模型建构方法。有了特征模型，就可以在数据特征的基础上形成监测知识库。特征模型不是一成不变的，如果有新的数据特征和事件出现，那么需要再建立对应的特征模型，这样原有的特征模型就得到了更新。设备的历史数据是学习和特征分析的素材，特征模型反映的是设备的常态运行状况和特征，并且可以参考实时数据进行异常特征的监测。

6.1.4 数字孪生车间运营管理平台

随着生产规模的扩大以及定制化生产需求的出现，数字孪生车间需着力提升要素协同、计划执行、管理调度等方面的能力。为此应建立车间运营管理平台，借助平台实时监控生产过程，预测生产进展，提升能源利用效率和决策水平，形成更加完善的运营方案，实现制造能力革新。

运营管理平台运用了数字孪生等技术，组成部分包括物理空间、虚拟空间、数据域、模型域、能力域、业务应用，如图6-4所示，旨在实现车间运营的集成管理。

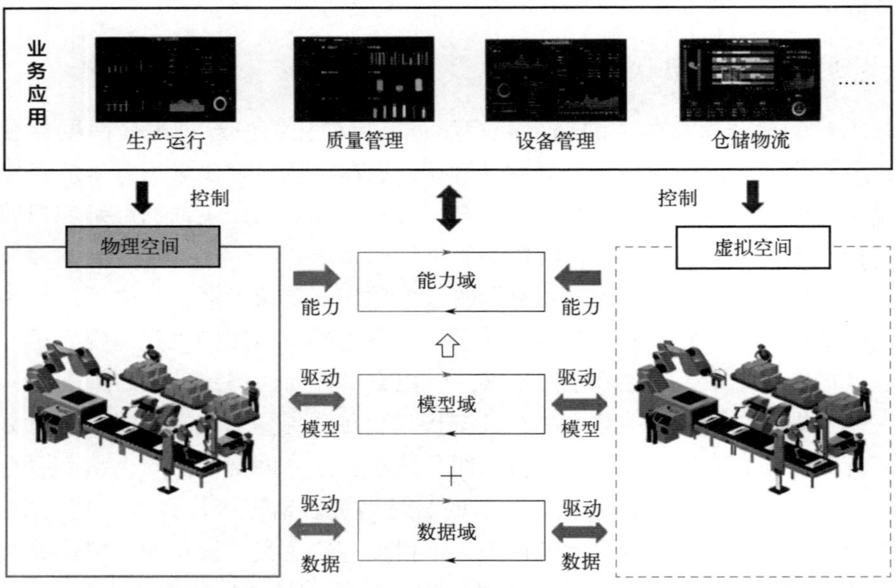

图6-4 运营管理平台的组成部分

下面将分别介绍运营管理平台的各组成部分。

（1）物理空间

在数字孪生车间的运营管理中，物理空间发挥基础性作用，它是生产制造的场所，也是虚拟空间的参照对象。物理空间由各项实体资源组成，包括人员、设备、物料、工艺、产品，生产制造过程的各项数据由传感设备和计算设备收集并上传。运营管理平台可用于物理空间中各项实体的整合调度，在实体间建立起连接，执行此操作前需要借助工业物联网等技术完成实体到平台的接入。

（2）虚拟空间

虚拟空间是物理空间的映射，在各类模型、数据的支持下，运用可视化手段真实地呈现物理实体及其运行状况，建立物理世界（空间）的数字孪生体。除了查看物理世界的当前进展之外，虚拟空间还可用于追溯历史和预测未来，帮助运营管理人员全方位掌控生产制造过程。

（3）数据域

数据域中包含物理空间相关数据和虚拟空间相关数据，并且能够通过数据集成产生融合数据。

下面将分别介绍数据域中的各类数据。

① 物理空间相关数据。物理空间相关数据如表6-2所示。

表6-2　物理空间相关数据

类型	内容
实时生产数据	物理实体运行过程中产生的数据，包含生产执行数据、设备运维数据、能耗数据等，由传感器负责采集
信息系统数据	与生产制造的关键信息相关的数据，如订单信息、运营成本等
仓储物流数据	与库存和物流有关的数据，如库存数量、库存状态、物流路径等
资源数据	与物料、产品、设备等资源的属性有关的数据

② 虚拟空间相关数据。此类数据主要由两部分组成：支撑虚拟空间运行的数据，以及在运行过程中产生的数据。前者如模型执行数据，后者包括历史、实时、未来三个时态下的模拟或预测数据。

③ 融合数据。融合数据由物理空间相关数据与虚拟空间相关数据的交互综合得来，需要用到聚类、回归、泛化等一系列操作。融合数据覆盖生产制造运营的各个环节，有助于实现物理空间和虚拟空间的协同，提高运营过程中的分析能力和决策水平。

（4）模型域

模型域由各种模型组成，它们是虚拟空间运行所需用到的工具，具体包含的种类如表6-3所示。

表6-3 模型域包含的模型种类

类型	内容
几何模型	呈现物理实体的几何属性，如尺寸、结构、位置等
机理模型	呈现生产运行规则和理论原理，比如材料退化机理，以及设备所依据的动力学原理
工艺模型	呈现生产过程使用的工艺，如加工工艺、组件装配工艺等
运行仿真模型	表现车间系统的运行机制以及对外部因素的响应，具体表现内容包括生产过程、能效评估、质量管控

综合运用以上模型及各类数据，在虚拟空间中对物理实体进行全面分析，掌握物理实体的属性、机理及实时状态，提高车间运营管理水平和决策能力。

（5）能力域

能力域中包含数字孪生车间的运营管理能力，该能力的形成一定程度上依托于虚拟空间和物理空间，同时数据域与模型域的融合也在能力的建构中发挥重要作用。具体而言，能力域由产品能力和业务能力组成。

① 产品能力。产品能力的使用范围包括应用开发、生产运行、运营维护等，能力的具体表现形式为各类工具，如业务逻辑编排工具、信息系统集成工具、运维工具等。

② 业务能力。业务能力包含软硬件本身的能力及运用数据与模型的分析决策能力，可以从过去、现在、未来三个时间维度实施生产制造过程的运营管理。

能力域提供的运营管理能力是物理空间和虚拟空间运行的重要倚仗，也是其业务应用功能的关键支撑。

（6）业务应用

数字孪生车间的运营管理最终要落脚到实际的业务应用上，在运营管理平台各部分的共同作用下，构建应用于各类运营场景的业务能力，达成车间运营管理一体化的目标。

数字孪生车间的业务应用包含生产运行、质量管理、设备管理、仓储物流等业务板块。各板块又由多项活动组成，比如属于生产运行的工艺流程编排、生产作业执行，属于质量管理的产品质量检验，属于设备管理的设备健康维护，属于仓储物流的库存订单管理、物流配送规划等。这些活动和环节覆盖了从制订生产计划到订单最终交付的整个流程，发挥数据和模型的驱动作用，从数据、信息、能力多个层面入手推进各环节的互联互通，是实现车间集成管理、提升运营管理效率的关键。

6.2　基于数字孪生的智能生产系统

在生产制造系统中，数字孪生技术的应用日渐广泛。比如构建生产线的数字孪生体，将生产线的各设备以三维实体的形式映射到虚拟空间中，进行设备的虚拟调试，具体调试内容包括运动调试、电气调试、工艺执行调试等，可便捷地完成设备调试。西门子公司借助传感器收集产品的温度、电磁场等数据，并通过数字孪生模型获取与产品数据对应的仿真结果，而后将实际数据与仿真数据上传至开放式物联网操作系统MindSphere，基于两类数据的对比得到产品的评估结果，包括其可用性、运行绩效等，并在必要时通过更换备件改进产品。中国烟草总公司通过数字孪生技术模拟工厂运行，在总部实时监控各个工厂，远程掌握生产运行状况。其他在数字孪生技术应用上取得成果的知名企业还包括海尔、美的等。

6.2.1　生产系统规划与设计

在智能生产系统中，数字孪生技术发挥着重要作用，体现在设计、构建、管理等系统生命周期的多个环节。智能车间、智能工厂是较为常见的智能生产系统，它们是特定产品的生产制造场所，所以在设计和构建生产系统时，需要考虑产品对应的工艺要求以及各项约束条件，这些约束条件来自空间、预算、生产周期等多个方面。

生产系统规划设计需要考虑协同优化，即产品的工艺设计和生产系统设计之间存在双向影响的关系，两者互为参照。过去通常是根据既定的产品工艺设计生产系统，当工艺发生变化时，生产系统的设计方案也要进行相应的调整。不过调整有可能会出现滞后的情况，这时部分产品就需要重新生产，如果由于客观条件的限制无法进行重新生产，那么就只能选择不对设计方案进行改动，这意味着放弃最佳方案。针对传统方法的局限，数字孪生技术可提供有效的解决方案。

数字化工厂的一项重要任务是实现产品与工厂设计之间的协调。一方面参照工厂的虚拟模型进行产品设计，设计出能够较好地适应工厂这一生产环境的产品；另一方面根据产品虚拟模型设计工厂，使工厂最大程度地满足产品生产的需求。将数字孪生技术引入数字化工厂，可以从生产布局规划、工艺规划和生产过程仿真、物流配送路线规划与优化三个方面对工厂产生积极影响，建设起更加高效精准的工厂。

（1）生产布局规划

传统的生产布局规划采用的工具为平面图纸，或是静态的三维模型。运用数字孪生模型的生产布局规划则是一种不同于以往方法的全新方法，其优势表现在以下几个方面：

- 数字孪生模型的信息非常丰富，涵盖人员、设备、物料等车间的各个单元，同时这些信息与产品设计之间有着紧密的联系。
- 通过模型库进行车间规划，显著提升规划效率。
- 可根据车间实际状况实时更新，维护难度小。
- 可通过仿真试验进行车间迭代。

（2）工艺规划和生产过程仿真

数字孪生体能够提供大量的数据和完善的模型，可借此进行工艺规划和仿真验证，提升加工和系统规划的效率。此过程需要用到以下几种模型，如表6-4所示。

表6-4　工艺规划和生产过程仿真需要用到的模型

类型	内容
制造过程模型	描述产品生产的方法和过程
生产设施模型	运用数字化手段展示生产设施，包括生产线与装配线
生产设施自动化模型	展示自动化系统在生产系统中的应用

数字孪生可用于生产系统和生产制造过程的仿真验证，展示生产设施及自动化系统的运转情况，起到系统优化的效果。借助过程仿真可提升仿真的精细度，实现单元级仿真，具体仿真对象有机器人运动、装配过程等。综合运用数字孪生与VR、AR、MR（混合现实），能够将现实空间和虚拟空间结合在一起，直观地呈现仿真分析过程，提升仿真分析的精度。

（3）物流配送路线规划与优化

生产物流可根据运行地点来归类，发生在工厂和车间等企业内部场所的物流为内部物流，而供应链物流则属于外部物流。企业需确定合理的物流路线，以节省物流成本，提升物流效率，进而提升生产效率。传统物流规划并不借助线上手段，因此无法做到与实时运行状况保持同步，在很多时候规划与现实的物理世界不相匹配，难以有效地发挥指导物流的作用。

针对传统模式存在的局限，可将数字孪生体应用于物流优化，制订更加完善的物流方案，充分利用物流设施，合理规划物流路线，促进生产与物流之间的协调。在数字孪生体的作用下，物流规划可根据物理世界的变化和进展实时做出调整，保持适用性和有效性，取得良好的物流优化效果。

数字孪生技术能够起到物流优化的作用，确立新的物流管理模式，提升物流的效率和实时性。借助数字孪生技术采集实时的物流数据，将实体物流映射到虚拟空间中，根据当前的物流运行状况，借助相关模型和算法提供适当的指导和合理的规划，提高物流决策水平，促进物流的高效运转。除了物流的整体规划之外，运用AR等技术还可以实现物流的局部优化，比如规划具体的配送路线、指导物流配送人员的行动等。

6.2.2 实时监控与能耗管控

制造运行管理（manufacturing operation management，MOM）是生产过程中的重要活动，相较于制造执行系统（MES）拥有更大的概念容量，涉及生产制造过程中的资源状况。IEC/ISO 62264标准给出了关于MOM的定义，即通过协调管理企业的人员、设备、物料和能源等资源，把原材料或零件转化为产品的活动。MOM负责管理生产过程中的各项行为，这些行为的执行者有人员、设备、系统，此外，MOM的管理范围还包含生产过程中的关键信息，包括产能、资源、产品定义、历史数据等。

数字孪生技术在MOM中有着广泛的应用，下面将介绍具体的应用场景。

（1）三维可视化实时监控

传统数字化车间的监控采用的是二维可视化手段，将生产系统的运行状况呈现在平面上，而现实物理世界是三维的，二维平面并不能够展现出真实的情况。为了获取到更加全面的监控结果，可依托数字孪生车间实现三维可视化监控，在VR、AR、MR技术的帮助下，将车间现场的实际状况通过三维实体的形式呈现出来，由此用户能够清晰直观地掌握生产系统的各项信息，包括人员、设备、物料、安全防护等，进而实现更为有效的生产管理。

可将三维可视化实时监控视为一种“三维版组态软件”，传统组态软件的应用领域主要是流程制造业，而三维版组态软件也同样适用于离散制造业。此外，传统组态软件侧重于呈现传感器数据，而三维版组态软件能够呈现分析计算结果，使用户得以更加深入地了解系统运行状况。三维可视化实时监控的另一优点在于展示终端的多样性和便携性，在移动互联技术的支持下，用户可通过智能手机或平板电脑等移动终端查看监控，而不必守在计算机或大屏幕前。

（2）能耗管控

低碳环保是当今世界的重要议题，而制造业一直属于高污染、高能耗行业，因此如何对能耗实施有效管控、实现节能减排成为制造企业需要考虑和重视的问题。将数字孪生技术应用于能耗管控，可以运用传感器收集能耗信息，根据生产制造过程的能耗情况调整参数。

除了在生产过程中实时控制能耗外，数字孪生驱动的能耗管控还可以从多个方面入手。比如针对产品设计环节建立能耗模型，评估各设计方案的能耗表现，选择能耗最低的方案。另外还可以将能耗作为生产计划制订的重要参考因素，形成有利于节能环保的生产计划，对于实际作用不大但能耗较高的生产活动可予以剔除。

在过去，能耗管控是一个较为简单的定性问题，即是否存在能耗过高的情况，以及有无必要控制能耗。而在能耗数据和能耗模型的支持下，数字孪生技术将能耗管控转变为一个定量问题，即当前的具体能耗情况如何，需要采取怎样的管控措施，由此管控的精确性得到了显著提升。

6.2.3 生产调度与装配指导

（1）生产调度

生产调度包括制订计划、指挥人员、调配资源等多项活动，很大程度上关系到生产的有序运转。要想实现有效的生产调度，需要掌握实时的生产数据和生产状态，对生产过程实施针对性管理，及时发现并排除问题和异常状况，确保生产的正常运转。传统的生产调度主要采用手动的方式，在数据信息的获取上存在困难，无法起到很好的生产调度的效果，对生产效率的提升形成了制约。

针对传统生产调度的不足之处，可在生产调度中引入数字孪生技术。数字孪生驱动的生产调度能够广泛收集生产过程中的各项数据，在此基础上实施有效的生产调整和管理，为生产带来积极影响。具体来说，数字孪生驱动的生产调度包含以下内容。

① 制订初始生产计划。构建用于生产调度的模型，同时参照当前车间内人员、设备等各项资源的具体状况，制订初步生产计划。

② 确定最终生产计划。初步生产计划形成后，虚拟车间将通过仿真模拟检验该计划，包括运用干扰因素验证其抗干扰性。根据多次仿真验证的结果实施生产计划的调整优化，这个过程还需借助相关的模型、数据和算法。车间将按照优化后的最终计划开展生产活动。

③ 生产计划实时优化。生产开始后，比较实际生产数据与生产计划的仿真数据，如果两者之间出入明显，则说明生产计划存在一定的问题。此时应结合模型和数据分析问题的根源，实时优化生产计划，保持生产计划与生产过程的协调一致。

（2）装配指导

产品的愈发复杂使得设计方案也呈现出复杂化的趋势，在此条件下，生产过程的参数优化面临更大的挑战，同时装配过程的工艺参数控制难度也有所增加。个性化生产是制造行业的另一趋势，随着小批量生产的日益频繁，制造企业需面对比以往更多的产品种类，而每一类产品都有其生产和装配要求，需要工作人员花费大量的时间来熟悉和掌握。针对生产和装配方面的新局面，企业可借助数字孪生技术获取有用的指导。

数字孪生体可通过构建模型明确产品的定义，将产品的生产和装配要求清晰地传达给现场操作人员，便于其理解和掌握。针对生产过程的参数优化，可构建设备的数字孪生体，通过模拟优化确定更为合理的优化方案，在参数优化的过程中也可参照相似产品的相关数据。将质量数据的分析结果作为生产和装配的重要参考，实现以质量为导向的生产装配，提升产品的质量达标率。此外，产品的数字孪生体能够模拟运维过程，并提供相关的数据，可据此设置产品生产过程的参数，控制产品的加工质量。

6.2.4 设备管理与安全防护

（1）设备管理

设备管理主要是管理设备的健康状况，预测设备可能出现的故障以及设备剩余的使用寿命，根据预测结果提前采取措施保障设备健康和安全。设备管理需通过传感器收集设备数据，通过数据处理得到评估结果。

在设备管理中引入数字孪生技术，能够将实体空间中的设备投射到虚拟空间中。虚拟设备中将包括实体设备的所有要素，同时两设备之间能够进行实时交互，虚拟设备可借此完成更新，与实体设备保持同步，由此用户可以通过虚拟设备实现有效的设备管理。此外，通过虚拟设备和实体设备历史数据的结合可重演先前发生过的故障，基于故障分析确定造成故障的真实原因，采取针对性的维修措施。

而且，在数字孪生技术的帮助下，维修人员得以远程维修设备，而不必亲临现场。维修人员或专家可通过数字孪生模型查看设备故障信息和推演故障，据此诊断故障原因并给出修理建议。远程维修可以有效地提升维修效率，缩短设备因维修而停止工作的时间，降低维修对正常生产进度的影响。

（2）安全防护

智能车间具有规模大、构造复杂、工序繁多等特点，因此车间的安全防护是一项非常重要的工作，特别是关键生产环节的安全保障。人员是影响车间安全的重要因素，与设备、系统等其他生产要素不同，人员的行动是难以预测的，很多车间安全问题都源自现场人员的行为。因此，需将人员行为作为车间安全防护的侧重点，通过准确的人员行为识别及时发现潜在的安全问题并予以修正，有效保障车间生产安全。当前，人员行为识别分析所采用的主要手段为人工监控，这一方法存在遗漏或识别不准等问题。

在计算机视觉、深度学习等技术的推动下，车间人员行为的识别方式正在发生转变，由原本的人工监控转为智能识别。人员行为智能识别通过观测人员行为完成特征的提取，并得到行为特征的分析结果，借助智能化手段更加准确地理解人员行为。数字孪生技术在人员行为智能识别中发挥关键作用，是该方法得以实现的重要依仗，在数字孪生技术的作用下，智能车间中人员与机器的融合将得到加强，形成人-信息-物理系统（HCPS），提升生产制造的智能化水平。

6.3 数字孪生在炼铁生产线的应用

6.3.1 炼铁生产线数字孪生体的构建

钢铁制造即以铁矿石为原材料，通过一系列加工活动得到可供使用的钢材。钢铁制造的整个过程非常烦琐，由多个加工环节组成，且各环节之间存在耦合关系，使得钢铁制造过程的控制成为了一道难题。另外，钢铁制造需要在极端的环境条件下进行，所用设备复杂度较高，材料在制造过程中会发生各种物理和化学上的变化，这些变化往往很难把控，以上因素都会对钢铁制造过程的安全性造成威胁。面对钢铁制造过程中存在的问题和挑战，有效的应对方案是推动钢铁行业的数字化转型升级。

在钢铁行业引入数字孪生技术，能够将现实物体用数字化的虚拟形式呈现出来，在虚拟和现实之间进行交互，以实时监测生产过程，对生产进行管理和调度。因此，数字孪生技术的应用有助于提升钢铁生产的质量和安全性，对行业的整体发展产生积极影响。

炼铁生产线数字孪生体的构建过程由四个阶段组成，下面将对各个阶段进行介绍。

（1）炼铁流程/设备数字孪生体需求分析

需求分析共分为四个阶段，下面将逐一进行介绍。

① 明确设备对象，炼铁流程包含多个步骤，每个步骤都要用到相应的设备，比如物料贮存中用于储运和混匀的设备，烧结中负责配料、混合、破碎筛分等操作的设备，以及造球设备、脱水设备、鼓风设备、打孔设备等。

② 分析数字孪生体在炼铁流程中起到的指导作用，涵盖流程的各个阶段。

③ 分析炼铁流程，得到各个阶段的关键信息，包括机理模型、可用数据以及新出现的数据检测需求等。

④ 围绕需求分析结果制订数字孪生体的构建策略。

（2）炼铁流程/设备几何属性数字化复刻

① 运用测量方法得到炼铁流程/设备的几何属性，包括流程和设备在几何意义上呈现出的结构、在几何方面存在的关联，以及空间运动等。

② 运用3D重建和渲染优化引擎，借助功能分析实现最佳决策。

③ 在充分掌握空间运动规律的基础上，对炼铁流程/设备进行3D重建，得到其空间几何模型，模型需要渲染优化，以保证重建过程计算资源充足。

④ 在各个空间几何模型间建立连接，进行炼铁流程/设备几何属性的数字化复刻，同时确保复刻的精确度。

（3）炼铁流程/设备运行机理多时空尺度建模

基于先前对几何属性的数字化复刻，分析炼铁流程/设备的运行机理。这个过程需要一定的理论基础，包括流体力学理论和传热学理论，另外还要用到人工智能、大数据等技术手段。根据对运行机理的研究结果，运用相关的数据，完成炼铁流程/设备多时空尺度建模，从时、空两个维度描绘炼铁过程，包括工序、设备运行、物料流通等各个方面的具体情况，呈现输入量和输出量间的关系。

炼铁生产线数字孪生体包含不同的层级，包括流程级、工序级、设备级。通常情况下，流程级数字孪生体并非由单元级孪生体组成，而是来源于工序级数字孪生体的耦合。工序级数字孪生体涉及多种设备，具备较强的耦合性，体现在生产逻辑和物理实体两个方面。不建议解耦工序级数字孪生体，因为这样做会在很大程度上扩大其耦合参数规模，可以对其进行建模。设备层数字孪生体的耦合并不紧密，同时设备建模的复杂度不高，所以解耦的操作是可行的。综上，根据实体设备在设备间耦合性以及建模复杂度上存在的差异，需采用不同的数字孪生体单元粒度。

（4）炼铁流程/设备孪生模型测试验证

炼铁流程/设备孪生模型需接受测试验证，验证合格后方可投入使用。测试验证可从以下两个方面入手：第一，运用相关算法，测试模型在精度和可信度方面的表现，以此来评估孪生模型的运行效果；第二，在检测过程中积累数据，同时运用已有的先验知识，在此基础上建立测试验证平台，全面准确地验证孪生模型的构建过程。

6.3.2 应用1：炼铁生产过程的协同优化

炼铁生产过程包含许多个工序，工艺机理有着相当高的复杂度，此外其实时性较弱、结构非线性、耦合紧密，以上特征对炼铁生产的建模及控制造成了较大困难。所以，需对炼铁生产过程实施优化，建立运行优化控制系统，从功能和策略入手进行系统的完善，实现对生产过程的有效控制，以对生产效率、生产成本、产品质量产生积极影响。优化是炼铁生产线上的重要活动，主要的优化对象有物料配方、工艺参数、生产过程。

通过物料配方优化，企业得以选定优质的铁矿石资源，使资源得到更加充分的利用，节省生产成本，提高生产质量，同时使生产过程变得更加绿色环保。物料配方优化需整合采购、配矿及产出评价，在检验优化效果方面，综合运用专家系统和实验数据是以往惯常使用的方法。不过这种方法面临种种问题，比如无法有效地获取到实时物料信息、优化的精度和智能化程度不足等，在这些问题的阻碍下，各环节间的整合难以顺利推进。

工艺参数优化可以起到提升工艺控制模型精度的作用，借助数据或者机理模型得到更优的操作参数，建立关键工艺的模型。基于上述操作构建各种优化模型，实现各种优化目标，如提升烧结矿质量的稳定性、提高高炉铁水质量、最大限度降低料面形状误差等。

至于生产过程的优化，传统的方法为单模型优化，这种方法有着明显的局限性，在生产流程的工序和时间尺度较多的情况下无法起到很好的优化效果。

在数字孪生技术的作用下，优化将发生重要转变，突破局部实现全局协同优化。比如，在物料配方优化方面，对应不同的工序，炼铁流程的配料有三个层次，分别是混匀料场配料、烧结配料、高炉配料，配料需遵循工序的要求，同时工序间的耦合也是配料的重要参照。借助数字孪生体能够收集与配料有关的虚拟数据，通过虚拟数据与现场数据的结合，实时掌握铁前工艺配料工序的相关情况。基于广泛采集的数据，通过数据库对数据实施有效管理，可以提高数据的纯度，将高维数据转换为低维数据，找到数据间存在的关联。数据处理在铁前工艺中发挥关键作用，可用来分析变量间的耦合关系，设定合理的优化约束条件，达到预期的配料优化效果。综合运用优化算法和优化约束条件，实现三个层次配料的全局协同优化。

在炼铁生产过程中，全局协同优化的应用有助于实现绿色生产，通过对铁水质量、燃料比、污染排放等指标的全局协同控制，能够降低生产的能耗和污染。

6.3.3 应用2：故障诊断与设备维护

炼铁设备的复杂度较高，如果出现故障或异常状况，则有可能造成各种问题和损失，比如影响生产效率和产品质量，增加排放和污染，最坏的情况下会导致人员伤亡。因此，炼铁设备的故障诊断是一项非常重要的工作，关系到炼铁生产过程的正常运转和人员安全。将数字孪生技术应用于炼铁设备故障诊断，可以准确地找出问题的根源，达到良好的设备维护效果。

数字孪生体具备耦合性，可利用这一点实时更新数字孪生体，使其适应生产线的实际运行情况，保持孪生模型的可靠性。此外，可以提升设备运维的智能化水平，将工业物联网、巡检机器人、云计算平台等多项技术和设备融合到一起，对生产现场实施监控，实现设备的自动化运维，提升运维效率，同时有效控制运维产生的成本。

在使用过程中，炼铁设备的性能和寿命会出现衰减，借助数字孪生体可对设备的性能状况和剩余寿命给出较为准确的预测，预测包含以下几个步骤。

① 收集与设备性能退化有关的数据，完成数据库的构建。高质量设备的性能退化数据具备较强的参考意义，不过这类设备的性能退化往往也比较缓慢，无法提供足够的样本。因此采集性能退化数据时需运用其他的有效手段，比如从与炼铁设备相近的设备处获取数据，也可以借助数字孪生体模拟炼铁设备的性能退化，由此得到性能退化的仿真数据。

② 运用收集到的性能退化数据建立性能退化模型库。性能退化数据的获取途径较多，所以需对不同来源的数据进行整合，将相似设备与数字孪生体同作为预测对象的炼铁设备进行对比分析，找出共同特征，并突出炼铁设备所独有的特征。

③ 基于性能退化模型得出关于设备剩余寿命的预测结果。运用在线数据预测退化模型参数和性能参量，以性能参量的预测结果作为参照，在设备性能出现退化时对数字孪生体进行相应的更新，保持数字孪生体与设备的实际状况相符。

6.3.4 应用3：自组织运行与优化

自组织运行在炼铁生产过程中发挥重要作用，关系到生产的有序性，有助于提高生产决策水平，对生产过程实施有效管控，优化生产性能。在炼铁生产过程的自组织运行中引入数字孪生技术，能够将生产现场投射到虚拟空间中，整合生产过程中的各项数据，实时掌握生产运行状态，从而适当修订生产方案，做出合理决策，并在出现异常情况时迅速准确地找出问题根源，及时排除问题，确保生产的正常运转。

数字孪生体能够进行增强式交互，借此全面清晰地展示自组织运行和优化的整个过程，工作人员可从中获取到自己需要的信息。数字孪生体炼铁生产线的自组织运行和优化共分为三个阶段，每一阶段的数字孪生体炼铁生产线中都会发生交互活动，具体如表6-5所示。

表6-5 数字孪生体炼铁生产线中的交互活动

阶段	要点
第一阶段的优化对象为生产要素管理	通过该阶段的优化初步制订出生产计划，这一阶段中，炼铁生产同服务系统进行交互，后者在交互过程中居于主导地位
第二阶段的优化对象是生产活动计划	该阶段的优化将产生预定义生产计划，这一阶段服务系统同虚拟炼铁生产进行交互，后者在交互过程中居于主导地位
第三阶段的优化对象为生产过程	该阶段的优化是实时进行的，这一阶段交互的双方分别是物理对象和虚拟对象，前者在交互过程中居于主导地位

数字孪生数据在优化过程中持续积累和更新，同时优化方法也得到改进。炼铁行业属于流程行业，流程行业由关联紧密的生产环节组成，生产流程较长且强调整个流程的连续性，标准化程度高，需要精确的质量控制。因此这类制造业的生产自组织运行难度较高，需建立高精度模型和高质量的数字孪生体，还需以充足的实际数据和虚拟数据作为支撑。

6.3.5 应用4：数字化学习工厂

数字化学习工厂对于制造业有着重要意义，作为一种学习环境，它能够发挥教育和研究的作用。数字化学习工厂采用数字孪生技术，将现实世界中的学习模式转移到虚拟空间中。不管是学生还是已经进入行业的工程师，都可以从数字化学习工厂中获取到有用的帮助，提升自己的专业水平，实现职业目标。

数字化学习工厂在炼铁过程中得到了应用，基于炼铁流程/设备的几何属性，借助CAD（computer aided design，计算机辅助设计）进行结构参数的分析，通过3ds Max软件构建炼铁流程/设备的空间几何模型，建模完成后运用Polygon Cruncher等工具优化模型。

Unity3D可用于炼铁过程的模拟，包括交互和物料运动等，能够呈现炼铁现场的实时信息，并构建几何模型。通过RealFlow模拟流体，采用CAE（computer aided engineering，计算机辅助工程）可以建立炼铁流程/设备的模型，并模拟其数值，描述流程和设备的运行机理，呈现出能量交换的情况，使几何模型的内容得到扩展。

有的炼铁生产线使用了大型高炉，对于这类生产线，可借助UGUI建立3D交互界面，完成数字孪生体的构建，进行炼铁生产线的模拟仿真；运用VR技术构建模拟空间，工作人员可在模拟空间中进行学习，掌握与生产线相关的知识和注意事项等。

第7章 工业互联网

7.1 工业互联网的关键技术与应用

近年来，工业互联网与新一代信息技术的融合速度不断加快，许多企业开始借助工业互联网来实现对各类新兴技术的灵活应用，并利用这些技术来解决自身在转型过程中遇到的各项难题。5G、区块链、人工智能、边缘计算等先进技术是驱动工业互联网创新发展的关键技术，能够在一定程度上提高工业数据和工业设备的安全性，为网络架构的革新和模型的升级提供支持，进而推动工业互联网快速发展。

7.1.1 5G通信技术与应用

工业领域的业务场景复杂度较高，在信息通信方面的要求也比较高。5G具有低时延、大带宽、高可靠性等特性，能够支撑工业互联网实现全面互联。就目前来看，5G与工业互联网领域融合是二者在发展过程中的必然选择，同时，工业互联网也是5G技术的重要应用场景之一。5G技术与工业互联网的融合能够丰富工业互联网的功能，提升工业互联网的需求满足能力，并在多种工业场景中发挥作用，如图7-1所示。

图7-1 5G技术在工业互联网中的应用场景

(1) 工业视觉

5G技术能够提高工业视觉的信息传输速率，降低传输时延。工业视觉可以利用高清摄像头和工业级相机广泛采集各项所需信息，并借助5G技术来高效处理、分析和理解各项图像信息，增强反馈控制的实时性，进而达到提高产品检测的效率、精度和实时性的效果。

（2）AGV仓储物流

5G技术能够连接起自动导向车（automated guided vehicle，AGV）和制导控制器，降低数据传输时延，提高数据的安全性，为AGV部署提供支持。一般来说，AGV仓储物流具有网络复杂度高的特点，且大多为密集仓储作业，5G技术的应用能够有效降低信息传输时延，提高AGV仓储物流的效率。

（3）AI视频监控

从实际应用方面来看，AI视频监控可用于对园区的各个场所和设备以及相关工作人员的工作情况等进行监控，及时发现生产线中的设备问题和人员操作问题，以便进一步提高产线的安全性和可靠性。5G技术可以利用自身特性来为AI视频监控的数据传输提供支持，同时也能够快速处理各项视频数据，大幅提升视频数据分析的实时性。

（4）云端机器人

云端机器人能够充分发挥5G网络低时延、大带宽、高可靠性的优势，利用5G网络向云端传输各项外部信息，并借助智能处理功能来对这些信息进行处理，提高信息处理的高效性和操作反馈的即时性。不仅如此，5G+机器视觉还能够提高各个机器人之间的协作性，构建多机器人协作系统，提高工业机器人的刚性化和自动化程度，打造柔性产线，推动工业生产实现柔性化。

7.1.2 边缘计算技术与应用

边缘计算是一种基于云计算技术的近端服务，能够在靠近物或数据源的一侧利用边缘设备来进行数据计算。部分工业控制场景在高效性方面的要求较高，对这些场景来说，即便在云端处理各项数据，也难以达到其在高效性和实时性方面的要求，且工业现场总线异构和设备通信标准不统一等问题也提高了数据处理的难度。

为了充分满足工业控制场景在数据处理效率方面的要求，工业领域需要充分发挥边缘计算技术的作用，将各项计算资源部署到工业现场周边，缩短二者之间的距离。就目前来看，边缘计算与工业互联网的融合日渐深入，并逐渐被应用到各类工业场景当中，为工业发展提供了助力，如图7-2所示。

（1）故障诊断与缺陷检测

边缘计算能够为各种故障诊断与缺陷检测场景提供更加便捷的计算资源，

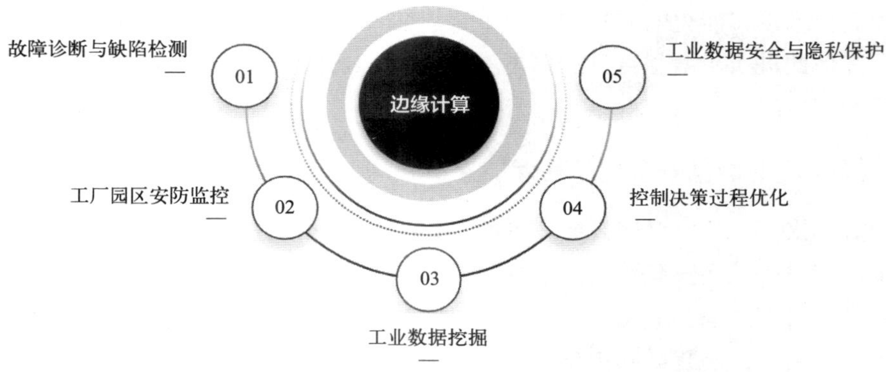

图7-2　边缘计算技术在工业互联网中的应用场景

这也是现阶段应用较为广泛的一种工业边缘计算场景。具体来说，其应用主要包含刀具磨损监控、设备实时监控运维、产线零件识别与缺陷检测以及基于深度学习的轴承故障诊断等。边缘计算具有低时延的特性，因此工业互联网可以借助边缘计算技术来提高诊断响应速度和检测效率。

（2）工厂园区安防监控

边缘计算在工厂园区安防监控方面的应用能够大幅提高视频流处理效率。工厂园区可以利用边缘计算技术实现对视频数据的结构化分析，进而达到监测设备状态、监控物料流转情况、监督工作人员行为等目的。不仅如此，边缘计算与安防监控的融合还能够提高园区安防形式的丰富性，保障人员、设备和物料的安全。

（3）工业数据挖掘

边缘计算可以利用各个分布式计算节点来获取设备和传感器之间的故障信息，以便工业领域的相关工作人员据此展开预测性维护工作。例如，造船厂可以充分发挥边缘计算的作用，并在此基础上综合运用蓝牙、雾节点、微云节点和射频识别（radio frequency identification，RFID）等多种技术手段，实现对管道的定位识别、质量评估和溯源，保证产品质量。

（4）控制决策过程优化

边缘计算可以为基于深度学习等算法的工业控制应用提供基础计算设施，为工业领域进一步优化控制决策过程提供支持。

以针对随机顺序的混沌生产场景为例，在该场景中，工业领域可以利用边缘计算技术以智能化的方式构建多个智能体系统，促进各个智能体进行行为交互，并借此进一步增强自身的自主决策能力，以便达到提高场景的鲁棒性和自适应性的目的。

（5）工业数据安全与隐私保护

近年来，工业互联网开始与各类先进技术相融合，设备数据与云端的交互需求越来越大，用户隐私数据泄露问题日渐突出。边缘计算技术的应用能够为云端与设备端之间的数据交互提供多级的计算资源，以更加灵活的方式保障工业应用的安全，防止隐私数据泄露。具体来说，为了保证各项工业数据和相关隐私数据的安全性，工业互联网既可以借助边缘节点对各项数据进行加密压缩和多点聚合处理，也可以在边缘端处理云端的各项计算任务，防止数据在上传过程中被破坏、篡改或窃取。

7.1.3 工业智能技术与应用

工业互联网具有十分高效的算法和强大的算力支撑，可以提升工业知识的算法化程度，为人工智能在工业互联网中的应用打下良好的基础。具体来说，工业互联网平台的作用主要体现在丰富算法理论来源和降低算法开发成本两个方面。在工业智能场景中，工业互联网平台的应用既可以在一定程度上提升算法理论的多样性，也可以扩大工业算法的应用范围，缩短工业算法路径，提高工业算法的传播和应用频次。

具体来说，工业智能技术的应用场景主要涉及工业互联网平台的设备层、边缘层、平台层和应用层。

（1）设备层

工业智能可以革新人机关系。具体来说，首先，工业智能可以为设备自主化运行提供强有力的支撑，推动设备实现复杂工料分拣和自运行等功能；其次，工业智能具备动作识别、语音用户界面等功能，能够支持人与各项机器设备进行智能化交互；最后，工业智能还可以借助仿生工位和协作机器人等智能化设备来提高生产的协同性，推动工业生产中的各个环节、各项设备实现协同化运作。

（2）边缘层

工业智能与边缘计算技术相融合，能够有效提高边缘侧实时分析和处理各项数据的能力。具体来说，首先，工业智能可以充分发挥智能传感网络的作用，利用智能网关来为信息技术（information technology，IT）和运营技术（operational technology，OT）之间的协议转换提供支持，以便及时发现并处理场景中出现的各类问题，灵活应对各种异常场景；其次，工业智能具备噪声数据处理功能，能够利用智能化的软件分析处理来源于智能传感器的各项数据信息，以便据此进一步降低系统误差，提升数据精度；最后，工业智能还可以利用边缘计算技术来处理数据交换工作，以便快速掌握云端广播特征值等数据信息，提高本地响应速度和操作水平。

（3）平台层

工业智能可以充分发挥大数据分析技术的作用，建立由数据和认知构成的算法库以及整体数据服务链，提高人工智能算法库的可复用性和可移植性，并在该算法库中引入数据科学和认知科学方面的工业知识。具体来说，工业智能可以在工业图像分析中融入深度学习算法，将缺陷识别速度提升至毫秒级；工业智能可以利用供应链知识图谱来整合各项相关信息资源，并将这些信息应用到风险管理当中，以更高的效率来保障供应链安全。

（4）应用层

工业智能可以借助人工智能技术实现对各类工业App（应用）数据的深入挖掘。具体来说，首先，工业智能可以利用机器学习算法来模拟和预测设备运行情况，提高预测的准确性，以便相关工作人员提前对各项工业App进行维护；其次，工业智能可以利用深度学习算法找出各项数据隐藏特征之间的抽象关系，并在此基础上进行建模，以便利用该模型在最大限度上优化参数组合，并进一步实现对生产工艺的优化；再次，工业智能可以充分发挥深度学习和智慧图谱等技术的作用，建立设计方案库，提高评估反馈的实时性，进而实现辅助研发设计功能，为各项相关应用的研发和设计工作提供支持；最后，工业智能还可以利用人工智能技术来采集各项非结构化数据，并在此基础上建立相应的知识图谱和专家系统，以便企业据此进行战略决策。

7.1.4 数字孪生技术与应用

数字孪生可以借助IT来对物理实体的状态进行实时描述和分析，并根据分析结果来预测其行为，实现物理空间与数字空间之间的交互映射。不仅如此，数字孪生技术还可以广泛采集工业互联网中的各项相关数据，并对这些数据进行分析，让工业领域的企业可以根据数据分析结果进行决策，进而实现对整个生产流程的优化升级。

就目前来看，数字孪生技术可以在工业互联网的多个场景中发挥作用，如图7-3所示。

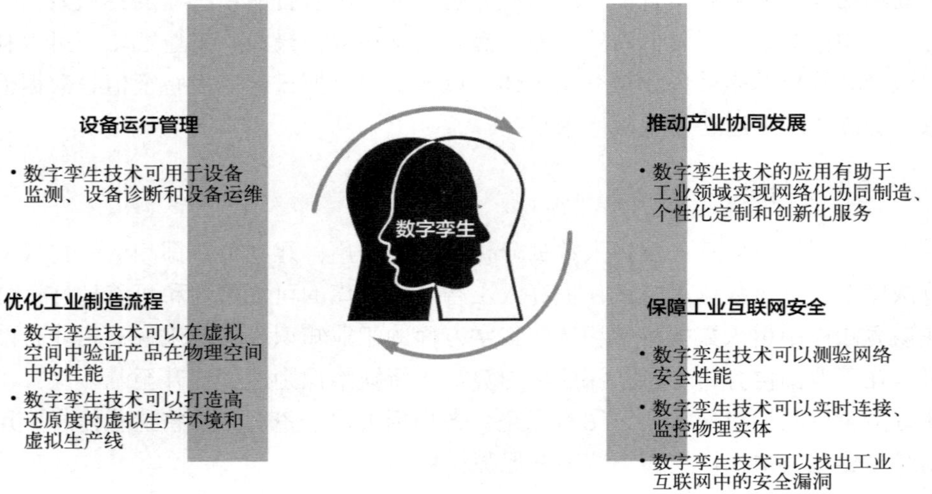

图7-3　数字孪生技术在工业互联网中的应用场景

（1）设备运行管理

数字孪生技术可用于设备监测、设备诊断和设备运维。具体来说，首先，数字孪生技术可以广泛采集物理设备的各项数据信息，并据此将其映射到数字空间当中，在数字空间中实时监测该物理设备及其部件的运行情况；其次，数字孪生技术可以利用故障诊断模型以智能化的方式分析各项设备运行数据，并据此实现对设备故障的预测，以便相关维护人员采取相应的预防措施，保障设备安全；最后，数字孪生技术还可以采集数字孪生体的各项数据信息，分析其性能参数，并在此基础上实现对各项生产设备及其零部件的劣化情况的有效预测，以便相关维护人员提前掌握设备和零部件的状态信息并进行维护，防止出现由设备劣化造成的停机问题。

（2）优化工业制造流程

一方面，数字孪生技术不使用物理实体产品，仅利用数字化产品就可以在虚拟空间中验证产品在物理空间中的性能，进而为产品的研发设计提供方便，缩短产品研发周期，减少在研发方面的成本支出；另一方面，数字孪生技术可以打造高还原度的虚拟生产环境和虚拟生产线，并在此基础上对生产过程进行模拟仿真，对各项关键指标进行监控，对各项设备进行诊断，对过程能力进行评估，提高生产线的数字化程度，以便在最大限度上优化生产计划，实现降本增效。

（3）推动产业协同发展

数字孪生技术的应用有助于工业领域实现网络化协同制造、个性化定制和创新化服务。具体来说，首先，数字孪生技术可以模拟供应链业务和流程，提高数据采集和智能分享的实时性以及供应链上下游之间的协同性，并充分发挥数据的驱动作用，助力整个供应链实现优化决策和控制支持；其次，数字孪生技术可以针对产品的整个生命周期构建相应的数字孪生体，并借助模型来提高产品设计、产品生产和产品营销的个性化程度，助力工业领域实现柔性化生产；最后，数字孪生技术还可以广泛采集物理实体的各项数据信息，并利用这些数据对商业模式进行创新，充分发挥出数据在运营、资讯等方面的驱动作用。

（4）保障工业互联网安全

数字孪生技术既可以借助工业网络数字孪生体反复测验网络安全性能，构建全方位安全防御体系；也可以实时连接、监控物理实体，以智能化的方式感知工业互联网的安全态势；还可以通过模拟网络安全攻击的方式来找出工业互联网中的安全漏洞，提升工业互联网的主动防御能力。

7.1.5 工业区块链技术与应用

为了有效推广普及工业互联网，需要切实保障工业数据的安全，打消企业在数据安全和隐私安全方面的顾虑。区块链中融合了分布式存储、加密算法、隐私保护、访问控制和入侵检测等多种技术，可以支持工业领域的各个企业进行数据共享，并对网络进行加密，同时也可以控制访问权限，保障各项工业数据的安全，并借助分布式管理来推动产业链各环节实现协同发展。

区块链可以充分发挥自身在隐私保护和可信协作方面的作用，为进一步优化升级各种场景中的工业互联网应用提供支持，提高工业互联网在协同方面的高效性和在管理方面的创新性。就目前来看，区块链技术在工业互联网领域发挥着十分重要的作用，其应用主要涉及以下5个应用场景，如图7-4所示。

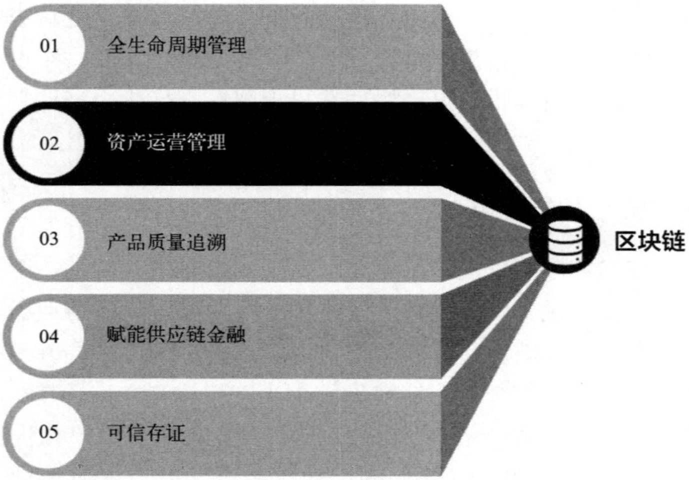

图7-4　区块链技术在工业互联网中的应用场景

（1）全生命周期管理

工业领域的企业可以将整个生产流程中的各项数据全部上传到区块链中进行存储，并借助相关物联网设备和程序实现对生产流程的追溯，减少人的参与，有效防止各项人为因素对数据传输造成干扰，进而实现对产品的全生命周期管理。

（2）资产运营管理

工业领域的企业可以综合运用区块链和物联网技术，将物理世界中的产品在各个时间点上的产品价值映射到区块链当中，加快推进数字资产化和资产数字化，进一步提高产品区块链数字资产的可追溯性和动态化程度，建设可信的资产监管平台，以便实现对资产运营的有效管理。

（3）产品质量追溯

工业领域的企业可以综合运用区块链和工业互联网标识解析技术，将产品的整个生产制造过程和质量检测过程的所有相关数据信息存储到区块链中，确保信息的真实性、可靠性和可追溯性，进而提高企业内部管理的透明度和自身与产业链上下游之间的协同性，实现对产品生产质量的可信追溯。

（4）赋能供应链金融

区块链可以以数字资产的形式对企业的各项金融数据进行存储，这些数字资产具有可流转的特点。银行和供应链中的上游供应商等均可从区块链中获取和应用数字资产，从而帮助企业解决上游供应商在融资方面所遇到的各项难题。

（5）可信存证

工业领域的企业可以在区块链中存储和应用各项安全监管业务数据，确保每次设备检修的各项相关信息都实时上链存储，实现同步存证，并将各项设备检修活动与相应的维修人员一一对应，确保设备检修信息的可追溯性，进而达到增强现场作业感知与监督能力的效果。

综上所述，随着工业互联网与新一代信息通信技术的融合日渐深入，我国垂直行业的数字化转型工作得到了良好的支持。为了促进经济发展和优化社会管理，还需进一步加快建设相关基础设施的步伐，如网络基础设施等，大力推动工业互联网发展，利用工业互联网来为更多行业和领域赋能。

7.2 工业互联网平台架构与核心技术

7.2.1 工业互联网平台定位、作用与组成

现阶段，工业互联网平台正快速发展，应用场景不断丰富，技术体系和商业模式等都在升级迭代。为了进一步提高工业互联网平台体系的系统性和层次性，还需深入了解工业互联网平台在国内外的发展和应用情况，并进一步加大研究力度，探索发展规律，总结归纳应用实践经验，加深对工业互联网平台体系的认识。

（1）工业互联网平台定位

工业互联网平台中包含工业领域所有的要素、流程和产业链环节，且融合了互联网等先进技术，能够在云端集成工业生产所需的资金流、信息流、人才创意、制造工具和制造能力；支持各个相关主体（如工业企业、互联网企业、信息通信企业、第三方开发者等）在云端协同合作，并在云端融合和应用各个领域的相关知识，如数据科学、工业科学、管理科学、信息科学、计算机科学等；同时也可以整合和共享各项资源和知识，提高工业生产的协同性和组织模式的社会化程度。

在工业互联网平台体系中，“云”指的是云计算，“网”指的是以5G为代

表的数据传输网络，“端”指的是智能物联设备终端，如图7-5所示。工业互联网平台大多将云计算作为核心技术，借助数据传输网络来连接各个设备终端、资源和主体，并从中获取各项数据信息。

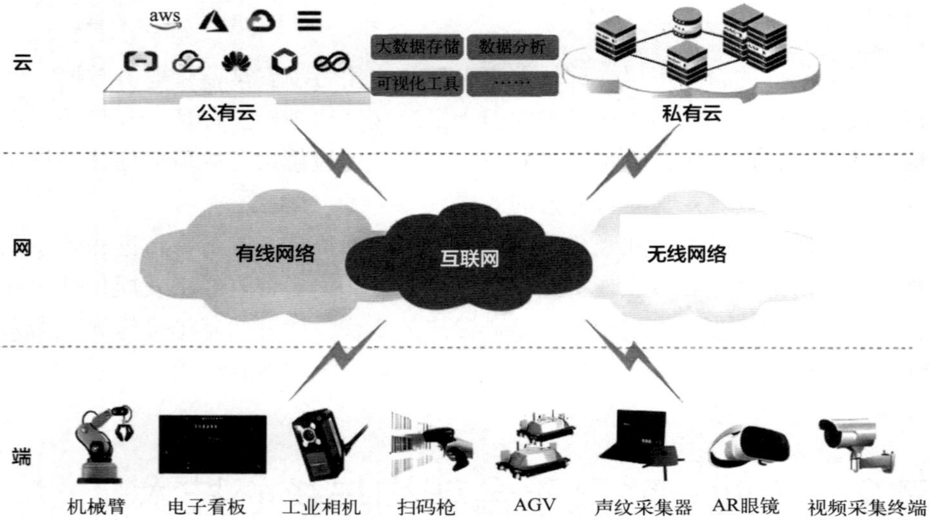

图7-5　工业互联网平台体系

工业互联网平台可以借助各项技术手段来构建数据采集互联体系，并提高该体系的精准性、实时性和高效性；同时也可以针对工业大数据打造相应的开发环境，为数据存储、数据集成、数据访问、数据分析和数据管理等工作提供支持；推动工业领域的各项技术、知识和经验走向模型化和软件化，提高这些资源的复用率以及其他各项资源的配置效率，建立资源丰富、主体多元、协同合作、共同发展的制造业生态。

工业互联网平台可用于全方位优化升级各项工业活动，如产品的生产、供应、销售等，是工业互联网的重要组成部分，也是我国建设制造强国和网络强国过程中不可或缺的一部分。

（2）工业互联网平台作用

① 具有集聚效应。工业互联网平台可以通过网络连接起海量设备、系统和软件工具，整合各项工艺参数，集成和共享各项工业资源，提升工业企业的制造能力，推动工业生产走向网络化和协同化，充分满足企业的各项业务需求；同时还可以革新工业制造业领域的互联网模式和业态，为工业领域带来制造业众包、众创、协同制造、智能服务等多种全新的发展模式。

② 是工业操作系统的重要组成部分。工业互联网平台既能够与海量设备相连接，广泛采集并整合各类工业经验和知识；也能够为工业领域的企业提供各类工业应用，革新工业体系，提高工业体系的灵活性和智能化程度，打造智能化的先进制造体系。

③ 可以充分发挥云计算的作用。工业互联网平台利用网上大规模计算架构和云计算基础设施来集成、存储和计算各项异构数据，提高工业系统的数据计算能力，以便充分满足飞速增长的工业数据处理需求，以数据为驱动力推动工业向网络化和智能化的方向快速发展。

（3）工业互联网平台组成

通常来说，工业互联网平台主要由四层架构组成，即工业边缘层、工业IaaS（基础设施即服务）层、工业PaaS（平台即服务）层、工业SaaS（软件即服务）层，如图7-6所示。其涉及的核心技术如表7-1所示。

工业互联网平台	工业边缘层	传感器
		网关
		协议转换
	工业IaaS层	文件服务器
		数据库服务器
		应用服务器
		Web服务器
	工业PaaS层	微服务组件
		通用工具集
		大数据处理分析工具
		PaaS平台资源管理
	工业SaaS层	基础共性类工业App
		行业通用类工业App
		企业专用类工业App
		传统软件上云

图7-6　工业互联网平台架构图

表 7-1　工业互联网平台核心技术

层级	核心技术
工业边缘层	传感器技术
	协议转换技术
	能量获取技术
	边缘计算技术
工业 IaaS 层	海量数据分布存储技术
	海量数据管理技术
	虚拟化技术
	云计算平台管理技术
工业 PaaS 层	数据建模分析技术
	工业建模技术
	微服务架构技术
	动态调度技术
	平台安全技术
工业 SaaS 层	图形化编程技术
	多租户技术
	应用系统集成技术

7.2.2　工业边缘层的核心技术

工业边缘层的作用是借助泛在感知技术实时高效采集各项要素信息，如人、运营环境、多源设备和异构系统等，并将这些信息整合到云端；同时充分发挥边缘计算和协议转换技术的作用，在边缘侧分析、处理和反馈各项数据，并据此对设备的运行情况进行调控；在云端分析处理其他数据，并在此基础上实现优化决策。

其中，数据采集能够有效提高整个制造流程中的各项数据的显性化程度，在数据层面为工业领域的企业进一步优化制造资源提供强有力的支持，助力工业企业实现实时分析和科学决策，同时也能够为工业领域推进工业互联网平台建设工作打下良好的基础。工业边缘层的核心技术主要包括传感器技术、协议转换技术、能量获取技术、边缘计算技术。

（1）传感器技术

传感器是一种具备感知能力的设备，能够感知被测信息，并按一定规律将这些信息变换为信号，为信息的获取和传输提供方便。传感器技术在工业互联网平台中发挥着十分重要的作用，能够支撑工业互联网平台实现测试和自动控制。具体来说，工业互联网平台可以借助传感器来精准获取和转换各项原始被测信息，并将这些信息上传到计算机当中。由此可见，传感器是工业互联网在感知和采集信息的过程中不可或缺的一项设备。

（2）协议转换技术

协议转换可以通过对各类协议进行转换的方式来为信息处理提供方便。从作用过程上来看，协议转换技术可以充分发挥独立于硬件设备之外的接口通信服务平台和开放化的实时数据库的作用，对异种协议转换过程和系统联网过程进行简化处理，降低异种协议的转换难度，并将其转换成标准协议接入系统当中。对工业互联网平台来说，可以借助协议转换技术来实施采集和处理各项数据信息，转换串口、以太网、现场总线物理层的通信协议以及数据链路协议层的通信协议，提高通信协议的标准化程度。

（3）能量获取技术

能量获取技术既打破了有线供电的限制，也降低了能源使用成本，可以充分利用热量、光线、运动、振动或应变等为电池充电，甚至取代电池成为新的供能技术。近年来，物联网技术飞速发展，各种低功耗元件层出不穷，环境捕获能量系统的应用范围也在随之扩大。

（4）边缘计算技术

边缘计算就是在网络边缘侧处理各项数据，并借助分布式开放平台就近提供边缘智能服务。边缘计算技术在工业互联网中的应用可以实现敏捷连接、数据优化、智能应用等诸多功能，能够充分满足行业数字化在这些方面的需求；同时也可以打通现实世界和虚拟世界，助力工业互联网平台实现多种智能化功能，如智能资产、智能网关、智能服务和智能系统等；除此之外，边缘计算技术还能够在工业控制系统中发挥作用，促进IT系统与OT系统互相融合，以便充分发挥这两个系统的作用。

7.2.3 工业IaaS层的核心技术

工业IaaS层在工业互联网平台体系中发挥着支撑作用，能够为其提供计算资源、存储资源和网络资源等多种资源，为用户提供更加优质的服务。一般来说，基础设施需要借助虚拟化技术来对各项资源进行资源池化处理，提高资源服务的可计量性和弹性化程度。

信息与通信技术（information and communications technology，ICT）企业是建设IaaS层的主力军，如阿里、腾讯、华为等，就目前来看，我国部分ICT企业已经能够提供与发达国家同一水平的服务。

（1）海量数据分布存储技术

海量数据分布存储技术可以将分布式缓存系统作为访问接口来进行数据存储，并通过本地数据缓冲的方式来进行网络降压。具体来说，海量数据分布存储的存储方式均具有较高的并发性、可用性和扩展性，从分类上来看，这些存储方式大致可划分成以下三类：

- 开放系统的直连式存储（direct-attached storage，DAS）：外部存储设备与服务器内部总线相连接，且数据存储设备是服务器的重要组成部分。
- 网络附属存储（network attached storage，NAS）：具有较强的独立性，各项存储设备大多通过专门用于网络数据存储的文件服务器相连接。
- 存储区域网络（storage area network，SAN）：网络和设备的通信协议并未直接连接传输物理介质，可以利用一个物理连接同时处理多种协议的传送工作。

（2）海量数据管理技术

为了充分满足云计算在分布式数据处理方面的需求，海量数据管理技术应大幅提升自身的高效性，确保自身能够对海量数据信息进行高效管理。就目前来看，BigTable和HBase均为工业互联网领域应用较为广泛的海量数据管理技术。

- BigTable是一种非关系型数据库，能够从不同的维度对各个map进行排序，并在此基础上以分布式、持久化的方式对各项数据进行存储，以安全可靠的方式对各项PB级别的数据进行处理和部署。
- HBase是一种具有分布式存储特点的面向列的开源数据库，性能、可伸缩性和可靠性较强，既能够对海量数据进行高效管理，也能够通过应用程序接口（application program interface，API）调用、订单服务和实时推送等方式来对外提供数据服务。

（3）虚拟化技术

虚拟化技术是云计算的核心技术，也是实现云计算服务的关键，能够对网络、内存、存储和服务器等计算机实体资源进行抽象和转换，提高各项实体资源之间的可分割性，以便有效管理各项资源，为用户使用计算机的实体资源提供方便。

虚拟化技术在工业互联网平台中的应用能够有效防止出现服务器过度提供问题，进而提高设备的利用率、IT环境的灵活性和资源的共享程度，降低IT总体投资。一般来说，虚拟化技术包含多种技术手段，这些技术可以根据实现层次或应用领域划分成不同的类型。从实现层次上来看，虚拟化技术主要包含硬件虚拟化、应用程序虚拟化和操作系统虚拟化等技术；从应用领域上来看，虚拟化技术主要包含存储虚拟化、文件虚拟化、桌面虚拟化、网络虚拟化、服务器虚拟化和中央处理器（central processing unit，CPU）虚拟化等技术。

（4）云计算平台管理技术

云计算平台管理技术能够为用户使用各项计算资源和设施提供方便，同时也能够对操作系统和应用程序等软件进行部署，提高其运行的稳定性。对该技术的使用人员来说，既可以对操作系统的选择、部署和存储空间进行控制，也可以对防火墙和负载均衡器等网络组件进行控制，为业务部署、系统故障检测、系统故障修复等提供方便，以智能化、自动化的方式保障大规模系统运行的可靠性。

7.2.4　工业PaaS层的核心技术

工业PaaS层处于IaaS层和SaaS层中间，既能对IaaS层的资源进行调用，也能够为SaaS层提供资源配置和资源调用服务，还可以充分发挥具有扩展性的操作系统的作用，在平台方面为工业App的开发提供支持。

基于微服务架构的数字化模型中集成了模型工具、基础工艺、行业知识和工业技术原理等多项要素，且对这些要素进行了规则化、模块化和软件化处理，提高了这些内容的可复用性，工业PaaS可以反复使用这些工具、技术和知识来为工业App开发提供支持。

（1）数据建模分析技术

数据建模分析技术融合了机器学习、数学统计和人工智能算法等多个领域的知识和技术，能够对数据要求进行定义和分析，并充分利用各项历史数据、实时数据和时序数据，实现对这些数据的聚类、关联和预测分析。

数据分析是整个大数据价值链中的关键环节，能够反映出大数据的价值，实现数据挖掘、全文检索和自然语言处理等功能，为工业互联网平台中的用户提供诊断建议和决策支持。从实际作用原理上来看，数据建模分析技术可以充分发挥调度引擎和模型算法管理的作用，借助关联分析、聚类分析、回归分析和决策树算法等方式对各项数据进行处理，深入挖掘随机数据、有噪声的数据等各类数据的潜在价值。

（2）工业建模技术

工业建模技术主要包含机理建模和测试法建模。

机理建模融合了电子、机械等多个领域的相关知识和技术，以及各类工业生产实践经验和工业机理，可以把握生产过程中的机理变化情况，并生成相应的平衡方程，据此构建起各类数学模型，以便利用模型来对工业数据进行分析。在应用机理建模技术的过程中，相关工作人员需要充分掌握生产过程的机理，同时也要具备对这些机理进行精准数学描述的能力。

测试法建模需要检测工业过程的输入和输出并采集各项相关数据，通过对这些数据的数学处理构建起相应的模型。

从实际作用原理上来看，机理建模可以从被测对象的外部特征入手展开测试工作，并对测试对象的动态性质进行描述。由此可见，使用机理建模技术进行建模无须了解被测对象的内部机理。

（3）微服务架构技术

微服务架构可以将各项应用和服务部署在云端。具体来说，微服务可以运行于自身程序当中，并借助轻量级设备实现与超文本传输协议（hypertext transfer protocol，HTTP）型API之间的信息交互。

一方面各项微服务之间的耦合关系并不密切，因此微服务在系统中的部署具有一定的独立性；另一方面，微服务具有一定的针对性，每项微服务都只关注并完成某一项任务。除此之外，部分微服务可以通过网页中的用户界面（user interface，UI）实现复用，也有部分微服务可以通过API来实现在其他微服务或客户端的灵活调用。

（4）动态调度技术

动态调度技术可以广泛采集应用的各项信息，如中央处理器（central processing unit，CPU）和内存的负荷、时间段、应用系统的优先级等，并根据这些信息使用多种方式动态构建计算单元，同时以动态化的方式将各个计算单元分配到各项应用、路由以及均衡模块当中。

动态调度技术的应用应符合相关规则的要求，这些规则统称为“调度策略”，具体来说，调度策略主要由全局调度规则和各项应用系统级的调度规则组成。调度决策离不开具有实时性和动态化特点的数据计算，调度模块需要从各个计算单元中实时采集计算输入，并在充分把握各项运行数据和调度规则的基础上展开动态化的数据计算工作，以便根据计算结果和各项相关信息进行调度。

7.2.5 工业SaaS层的核心技术

工业SaaS层主要包含传统软件云化和由工业PaaS层开发的各项新型工业App，能够利用这些工业App为各类场景提供相应的应用服务，充分满足各个行业和场景的需求；同时也能够提高工业技术、经验、知识以及最佳实践的模型化和软件化程度，为企业提供SaaS服务。除此之外，工业App还能够整合各方资源，如应用开发者、软件开发商、服务集成商、工业用户和平台运营商等，助力工业领域的企业加快建设工业云生态系统，进而实现多方共赢。

（1）图形化编程技术

图形化编程技术在工业互联网平台中的应用能够充分发挥图形化编程工具的作用，根据实际需求快速生成相应的应用程序，从而简化开发流程，为各个对代码缺乏了解的领域专家开展相关工作提供方便。从作用原理上来看，图形化编程可以借助图形界面交互的方式来确定并行构件和组装构件，并利用自动生成的应用代码和引擎指令，降低应用程序研发难度，提高软件开发效率，让相应领域的专家只需通过拖拽等简单的操作来创建应用，并对应用进行测试和扩展。

（2）多租户技术

多租户技术即“多重租赁技术”，能够支持多个用户共同使用相同的系统和程序组件，同时也可以隔离各个用户的数据，有效防止不同用户的数据在同一系统或程序组件中出现混合不清等问题。具体来说，多租户技术的应用能够有效降低以下几种成本：

- 环境建置成本：多租户技术支持多个租户共同使用同一个应用程序或运算环境，能够减少运算资源浪费，减少在环境建置方面的成本支出。
- 硬件成本：多租户技术可以将操作系统授权成本和各项相关软件的授权成本均交由各个租户共同承担。
- 维护成本：多租户技术可以借助有效的数据隔离方式来实现数据隔离，

同时减少供应商在设备和人力等方面的成本支出，达到降低维护成本的效果。

· 程序发布成本：多租户技术能够为各个租户提供完全一致的软件环境，在软件改版时只需发布一次软件，就可以实现对所有租户的软件环境的同步更新。

（3）应用系统集成技术

应用系统集成技术可以按照系统高度来为客户提供全方位的系统解决方案，充分满足客户需求。就目前来看，应用系统集成技术已经能够在各项用户具体业务和运作方案中发挥作用，同时也可以在多种场合中整合各项行业信息化解决方案，将各类独立的应用软件引入工业互联网平台当中，以便为客户提供更好的服务，促进工业互联网平台快速发展。

7.3 面向数字孪生的工业互联网平台

7.3.1 基于工业互联网的数字孪生应用

数字孪生已从科学研究阶段迈入工程应用阶段，其主要的应用领域有智慧医疗、智慧城市、智能制造等。在智能制造领域，工业互联网是数字孪生进一步扩大应用范围的重要依仗。

基于工业互联网，数字孪生的应用主要体现在四个方面，即产品设计、工艺优化、虚拟工厂和远程维护，这是与工业的生命周期相对应的。

（1）产品设计

在产品设计领域，硬件在环、软件在环、人员在环等仿真技术的发展方向在20世纪末就已确立，物联网技术很早便为仿真提供了底层技术支撑。彼时工业互联网概念尚未出现，仿真与数字孪生之间已不存在分明的界限。产品设计领域的数字孪生并不特别依靠工业互联网平台的支撑作用，其核心支撑来自基于模型的系统工程（model-based systems engineering，MBSE）。

（2）工艺优化

计算机辅助工程（computer aided engineering，CAE）这一诞生于20世纪60年代的工具已广泛应用于多个制造领域，包括电子、造船、汽车、航空、机械等，拥有极大的生产潜力。不过，传统CAE也面临两大亟待解决的问题。

· CAE需要用到大量的数据，在数据模拟时要进行大量的工作，同时当条件发生变化时需要增加数据模拟的次数，在此条件下无法有效地提高计算效率、缩短计算时间；

· CAE软件无法适用于一些专有领域，工艺优化能力有待提升。

针对CAE面临的问题，工业互联网平台可以给出有效的解决方案：在物联网和人工智能技术的帮助下，能够更加高效地建立起仿真参数数据库，提升CAE的计算效率；借助大数据和人工智能技术，能够发现工艺参数与结果之间存在的机理关系，帮助CAE更好地实现在专有领域的应用。

（3）虚拟工厂

在虚拟工厂领域，数字孪生应用有着很好的发展势头，同时也需要工业互联网平台提供支持。在虚拟工厂中，数字孪生分为不同的层级，发挥不同的作用。

· 设备级数字孪生主要负责对设备进行预测性维护，并维持制造执行的稳定性；

· 单元级或产线级数字孪生主要负责对生产过程进行优化；

· 车间级或工厂级数字孪生将建立起一个中枢大脑，以此来指挥和推进整体的高效有序运行；

· 供应链级或产业链级数字孪生聚焦于优化广域资源的配置方式，并促进供应链和产业链的上下游之间实现协同。

在虚拟工厂领域，三维模型并不会大量做定量几何分析，而是多用于承载指标，这一点与产品设计领域和工艺优化领域存在差异。在数字孪生中，指标发挥核心作用，而工业互联网平台可以从三个方面对指标产生重要影响：第一，融合运用IT和OT进行指标的构建；第二，实现对指标的实时智能分析；第三，在指标的驱动下对业务流程进行创新。

（4）远程维护

在远程维护领域，数字孪生应用也取得了快速的发展。数字孪生在远程维护领域分为两大技术路线。第一种路线类似于虚拟工厂领域的设备级数字孪生，用于预测性维护。目前许多企业已基于工业互联网平台建立起健康类指标，以此来实施预测性维护。此种维护服务是综合考虑时空和经济因素后得出的最佳方案，能够有效促进维护的远程化，减少维护所占用的人力。第二种路线是在产品设计乃至需求阶段即开始进行维护，采用新的维护方法，遵循新的维护流程。在这个过程中，基于模型的系统工程发挥使能技术的作用。

总的来说，数字孪生在不同的领域对工业互联网的需求迫切度有所差异，迫切度最高的是虚拟工厂领域和远程维护领域，其次是工艺优化领域，再次是产品设计领域。

7.3.2 工业互联网与数字孪生的融合

数字孪生需要以实时数据为基础建立起物理实体和虚拟模型之间的双向连接。在发展早期，数字孪生一般呈单体状态，对于此阶段的数字孪生来说，物联网技术作为使能技术是不可或缺的，而对工业互联网平台的需求并不是非常迫切。

目前，数字孪生应用朝着网络化的方向发展，应用对象不再局限于单个系统，而是多个系统组成的更复杂的系统。数字孪生应用对工业互联网平台产生了更加迫切的需求，工业互联网平台与数字孪生的融合效应主要体现在以下几个方面。

① 协议兼容性。可以从工业互联网平台处获得接口以进行数据的统一采集和处理，这样在解决协议兼容性问题时，能够花费更少的成本。

② 建模难度。工业互联网平台拥有数量极多的机理模型，并且其建模方法实现了层次化和配置化，可以有效降低建模难度，处理大量的网络数据。

③ 实时性。工业互联网平台所建立的数据处理机制能够满足多种网络应用场景的需要，同时其提供的数据计算引擎能够结合实时数据处理和批量数据处理，即实现流批一体，使技术人员得以在短时间内建立起双向通道，实现物理实体和虚拟模型之间的连接，按照实际需求完成数据计算服务的配置，减少实时计算服务的相关成本。

④ 计算规模问题。随着数字孪生的发展，其各项工作的复杂性都会有所增加，包括数据的采集和存储、模型的设计和应用。相应地，这将对系统软硬件提出更高的要求，计算的规模将显著扩大，这种条件下就需要用到工业互联网平台基于云的部署模式。

7.3.3 工业互联网平台的部署架构

2016年，工业互联网产业联盟发布了《工业互联网体系架构（版本1.0）》，2019年又在此基础上发布了《工业互联网体系架构（版本2.0）》。此外，许多从事工业互联网平台行业的厂商也纷纷公布了其研发的工业互联网平台技术架构。架构的层次有两种划分方式：一种分为边缘层、平台层、应用层，另一种则分为边缘层、IaaS层、PaaS层、SaaS层。

数字孪生的网络化使其架构发生了变化，系统之系统（system of system,

SoS）成为数字孪生的新架构。目前，工业互联网平台还不能以较高的效率实现数字孪生SoS架构的落地。

在传统观点看来，工业互联网平台的部署架构包含端、边、云三个层级，而本节将部署架构中的端侧进一步分为设备侧、硬网关侧、软网关侧，如图7-7所示。

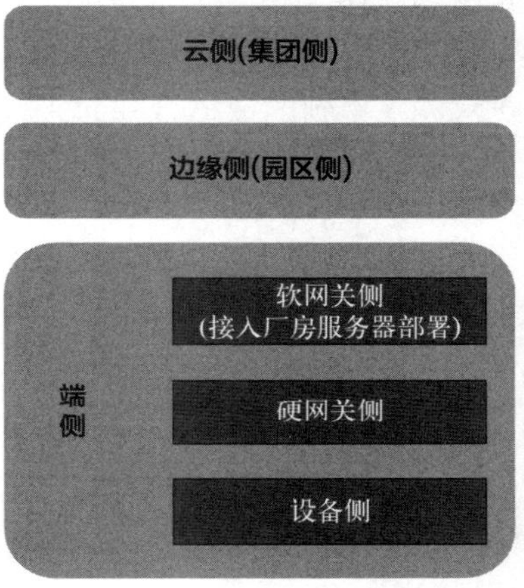

图7-7 工业互联网平台部署架构图

该部署架构具备较强的灵活性，可按照实际需求短路架构中的某些层级，不过至少要有两个层级处在非短路状态。下面我们通过举例来说明此架构的灵活性：一家中型制造企业的工业互联网平台在试点阶段只有端侧中的设备侧、硬网关侧以及边缘侧，随后在推广阶段，边缘侧得到了扩展并演变为云侧；某飞机运营保障平台能够实现设备侧到云侧的直接联通，如此便可短路处于中间的三个层级。当然，有的工业互联网平台也会包含图7-7中的全部层级。

下面将逐一分析部署架构的三个层级。

（1）端侧架构分析

端侧包括设备侧、硬网关侧、软网关侧。设备侧原本不能独立完成采集和通信，不过微控制器单元（microcontroller unit，MCU）技术的成熟使得MCU在硬件上得到了广泛的普及。在设备出厂前安装的MCU被称为前装MCU，在这之后安装的MCU则被称为后装MCU，后装MCU需配备传感器或流量计，发挥通信盒子的作用。当设备侧装备了后装MCU之后，硬网关的作用将得到弱化，也可能不再需要硬网关。

在端侧技术中，硬网关是最传统的一种。硬网关和软网关之间的区别只在于采集转发程序的部署位置不同，前者的部署位置在盒子上，后者则是在局域网服务器上。因此，软网关可代替硬网关的功能，并且从经济性的角度考虑，这样做是更好的方案。不过，硬网关和软网关的处理对象有时在层级上会有差异，因此在实际应用中后者并不总是可以替代前者，有时两者需并行使用。

某等离子切割机的采集拓扑图如图7-8所示。一生产单元配备了10台等离子切割机，该生产单元有两个硬网关和一个软网关，两个硬网关分别负责采集切割机电源和氧气流量计的数据，软网关则负责采集切割机内存单元的数据，并且按照时间戳将两台硬网关采集到的数据合并起来，而后进行数据的转发。

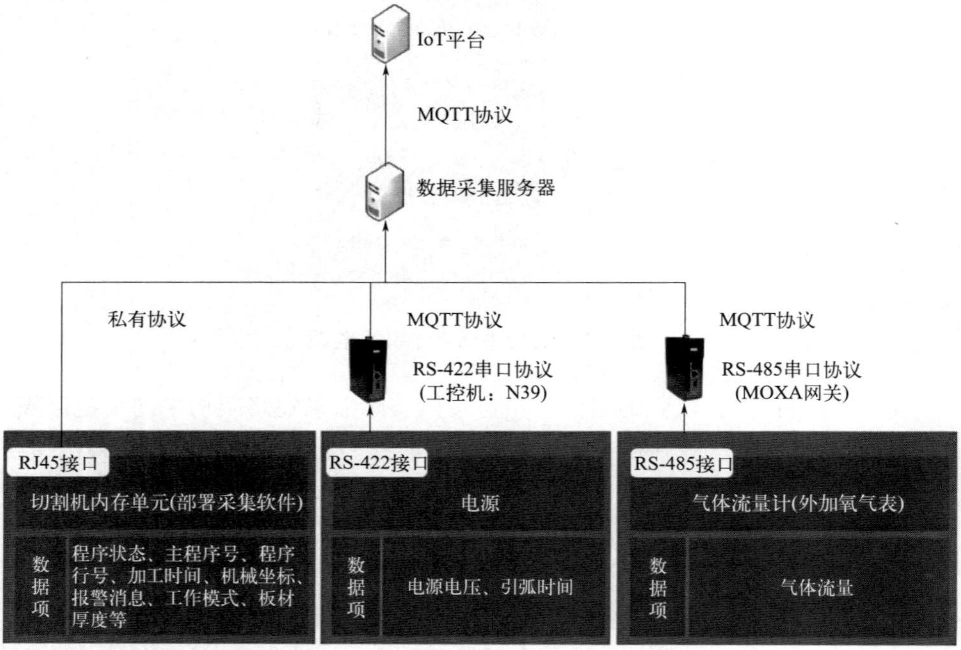

图7-8 某切割机的采集拓扑图

除了数据采集之外，软网关这样的高阶物模型还要履行复合的功能，比如在引弧时间的问题上，硬网关采集到的引弧时间为累加值，而软网关能够准确地计算出每次作业所用的引弧时间。因此，软网关的作用不只是改变采集转发功能的部署位置，从本质上说，软网关是一种部署形态，是在将云平台接入和建模组件部署到局域网服务器的过程中形成的。

在未来，云平台根据需求向盒子下达指令将是软网关的发展趋势，端侧和平台的技术栈正逐步实现一体化，在一体化的构造中，可通过简化或拆分部件对其进行多种形态部署。

（2）边缘侧（边侧）架构分析

边侧在不同场景下有着不同的指代。在智能制造场景下，边侧通常指代园区级工业互联网平台，在很多时候，大型集团型企业的工业互联网平台部署需达到园区级。在后市场服务场景下，边侧一般指面向细分领域的工业互联网平台。

边侧并非不可或缺，边侧的厚薄由平台组件配置的数量决定，需适应应用场景的具体需求。智能制造背景下，制造运行管理（manufacturing operation management，MOM）软件与工业互联网平台之间存在很强的交互关系，在后者的帮助下，前者得以完成指令的下达。通常情况下，MOM 部署在园区侧（边侧），如果不具备充足的网络条件，不能够将可用性维持在较高水平，则可以将与 MOM 交互频率较高的组件也同样部署到园区侧。

集团级的设备互联可用于统计设备的利用率，所依据的维度是组织架构和工艺。厚的边侧能够实现指标计算服务的下沉，下沉的方向为由云侧（集团侧）到边侧（园区侧），园区侧在计算集团级指标时采用的是跑批任务的方式，无法很好地保证计算的实时性和准确性，也不能实现计算资源的高效利用。这种情况下，应转而采取薄的边侧方案，将指标计算服务从园区侧上浮到集团侧，由集团侧进行指标的计算，从而提高计算的实时性和准确性，更加高效地利用计算资源。

（3）云侧架构分析

服务商或是大型集团型企业会使用不止一套工业互联网平台，因此多套工业互联网平台的互联互通是一个关键问题，这一问题将由云侧来解决。

在部署形态方面，云侧平台可部署在集团侧，也可以部署在最靠近本部的园区侧。在架构方面，集团侧的资产台账应做到完备，物模型均要在此保留镜像；数据的接收要参照具体的业务需求，有时需要接收全量数据，有时只接收指标结果数据；另外在有些情况下，需将数据导入数据湖中以对其进行指标分析；集团侧需控制人员和账号的访问，为此应设立相应的权限，同时集团侧和园区侧的访问控制应实现集成。

7.3.4 面向数字孪生的工业互联网平台关键技术

（1）连接生命周期管理技术

对于工业互联网平台来说，物联能力属于基础能力，丰富的协议库只能做到建立连接，而无法提供关于连接管理的最优方案。目前，数字孪生体还处在不断演化的阶段，与此相关的连接也在不断变化，同时连接也时常会面临许多异常状况，比如连接异常和数据异常。因此，保证连接的持续、稳定、准确，是提高数字孪生的可用性的关键一步。

实现有效的连接管理，在设计思路方面，需要遵循两个设计要点。第一，物模型和连接模型之间要形成松耦合关系，这样有助于在连接对象保持不变的情况下变换连接手段。第二，建模环境中应包含复合物模型，即以物模型作为构成单元建立起的更高阶物模型，借助复合物模型，可以将数字孪生体中的SoS架构复刻到工业互联网平台上。

在建模工具方面，物模型和连接模型之间应当能够便捷地实现属性映射，另外两者之间需具备构建零代码或低代码的能力，由此形成派生属性，作用是为数字孪生体构建完备程度更高的信息集合。比如，有的PLC无法直接获取到设备的作业状态，而是要先选择2到3个点位，基于所选点位用与、或、非三种逻辑运算法则进行计算，由此得到设备的状态，这个场景中就用到了派生属性。

在技术手段方面，要用到“事件-条件-动作（event-condition-action，ECA）”机制，这一机制可以在短时间内形成派生属性，也可以建立报警规则，借此发现和捕获异常数据，并对种种连接问题做出诊断。

在模型范围方面，模型化管理的对象不只是连接模型和物模型，还包括全部的资产及其拓扑结构。由此将数字孪生体置于一个泛在连接环境中，同时形成时间拉链概念，对变更行为进行追踪和管理，一切变更都可以通过自适应的方式实现对连接的适配。比如，假设某网关出现了变更，则连接模型会相应地更改其连接对象，连接的指令将自动传达至网关处，指令中包含协议及驱动，物模型和连接模型之间将重新建立起关联，按照时间点，物模型数据对新旧连接模型进行合并。

在数据链路方面，出于多级数据处理的需要，工业互联网的端、边、云侧或部署有抽取-转换-加载（extract-transform-load，ETL）工具，这样在对问题数据进行排查分析时将遇到很大的困难，同时将投入很多人力。针对此问题，首先应注意ETL工具的选择，在进行部署时不要使用多套异构数据ETL，而应根据实际需求采用同一套ETL工具进行多级部署，ETL工具由工业互联网平台统一提供。其次，构建监控与诊断系统（monitor and diagnosis system，MDS），该系统负责对计算资源和计算服务实施监控，观察其是否存在异常状态，并建立Fail-Over（故障转移）、Fail-Fast（快速失败）、Fail-Back（故障回切）、Fail-Safe（故障安全）四种容错机制，根据端、边、云侧的具体状况和需求选择不同的机制。比如边缘侧在面对网络风暴时通常会采用Fail-Back 机制，而非Fail-Over 机制。

（2）从数据采集到指标呈现的一体化计算技术

数字孪生需要极高的实时数据计算能力，从本质上说，工业互联网平台是一个大数据平台，而其面向的对象是工业物联网数据。工业互联网平台的数据计算需求与其他大数据平台有所不同，主要分为两类。第一类数据计算需求是纯粹的工况数据聚合，简单数据的聚合可采用Historian API，借助Flink的Window机制，可将Tumbling/Sliding Window 的聚合结果传送至指定数据源。第二类数据计算需求是针对业务对象的工况数据集合，在模型数据的计算过程中，第一步是对工况数据和业务对象使用Join运算，接下来再实施模型计算，计算得到的结果将存储于对应数据集，同时给出数据集的API访问接口。

在工业互联网平台大数据计算引擎的研发方面，主要存在三大技术难点。第一个难点是算法优化，也就是按照滑动时间窗口对计算性能进行优化。第二个难点是采用流批一体的方式编排计算任务，按照实际需求进行流式计算的配置，从而更加高效地利用计算资源。第三个难点是异常数据处理，在物联网中会出现后续数据先到、断电续传等特殊状况，如果这些情况得不到恰当处理，则滑动时间窗口的水平线会发生错误，解决这一问题需要计算引擎与ECA的配合。

随着大数据技术的发展，大数据计算引擎已经具备了较高的成熟度.不过目前市面上能见到的大数据计算引擎依然存在着突出问题，计算实时性仍有待提升，作为应用组件其更偏向于IT，针对以上三大技术难点无法给出根本性的解决方案。

出于加快数字孪生应用开发的目的，市面上出现了两类与大数据计算引擎相配套的技术组件。第一类组件是AI数据分析工具，可用于发现边界条件、过程参数、最终指标之间存在的直接机理关系，由此实现对指标的根本性优化。在当前的市面上可以见到许多种开源工具和商业化工具，在工程领域多用于工艺优化和提升设备效能。第二类组件是高配置的可视化工具，将WebGL技术作为基础，借助漫游图、爆炸图等多种三维手段，以个性化的方式将指标呈现出来。面向可视化，多家公司构建起平台以进行零代码或低代码的开发，有公司开发的可视化技术还可用于物联网数据驱动。

从以上两种技术组件中我们可以得到这样的结论，那就是尽管AI有优化指标的作用，但人的主观能动性仍然非常关键。在生产过程中，人可以借助可视化工具进行对比分析，防止生产出现错误，对生产做出改进，同时实现指标的优化。

参考文献

[1] 邱伏生, 赵新阳, 邱艺凝. 供应链实战指南数字孪生技术赋能制造供应链（二）[J]. 起重运输机械, 2025(10): 15-19.

[2] 洪荭, 王智超, 尹鹏飞, 等. 智能制造与企业全球价值链地位提升[J]. 会计研究, 2025(02): 36-48.

[3] 王亚平. 机采井运维数字化转型及故障预警研究[J]. 化学工程与装备, 2024(12): 152-154.

[4] 姜红德. 智能工厂快速崛起[J]. 中国信息化, 2024(11): 19-20.

[5] 汤凤龙. 企业财务会计向管理会计转型的驱动因素与路径[J]. 投资与合作, 2024(10): 132-134.

[6] 赵彬宏. 定襄法兰专业镇工业互联网平台规划与设计[J]. 山西电子技术, 2024(05): 75-78.

[7] 党祥祥, 张鹏, 白佳飞. 液化天然气数智化工厂管理平台研究与应用[J]. 城市燃气, 2024(10): 8-14.

[8] 郑宇航. 智能驱动发展数字重塑未来[N]. 中国航空报, 2024-09-27(006).

[9] 张萌. 提升成都市中小企业数字化转型服务供给能力的对策[J]. 科技和产业, 2024, 24(15): 181-186.

[10] 王子千, 李远辉, 王学成, 等. 中药固体制剂大品种智能制造过程现状、问题与发展趋势分析[J]. 中国中药杂志, 2024, 49(20): 5674-5680.

[11] 张杰, 邓旭龙, 杨志婷, 等. 水工建筑物维护管理信息系统的设计与实现[J]. 水上安全, 2024(13): 50-52.

[12] 赵路军. 流程工业智能工厂准备度建模及应用研究[D]. 杭州：浙江大学, 2024.

[13] 邱丽霞. 制造业服务化水平对我国价值链升级的影响研究[D]. 南昌：江西财经大学, 2024.

[14] 曾帆杰. 数字化转型对医药流通企业财务绩效影响研究[D]. 昆明：云南财经大学, 2024.

[15] 李嘉伟. 基于双种群遗传算法的G公司生产线平衡优化研究[D]. 赣州：江西理工大学, 2024.

[16] 李陈昕. 基于数据挖掘的数字化车间管理系统设计与研发[D]. 杭州：杭州电子科技大学, 2024.

[17] 林霞. 一家卫浴龙头的“数智”跃升[N]. 福建日报, 2024-04-16(001).

[18] 张永平, 左颖, 刘博, 等. 数字孪生车间制造运营管理平台[J]. 计算机集成制造系统, 2024, 30(01): 1-13.

[19] 孙先海, 张高鸿, 任智旗, 等. 基于孪生的智能车间建设研究[J]. 信息记录材料, 2024, 25(01): 94-96+99.

[20] 林佳麒, 杨威, 谢鹏志, 等. 基于信息物理系统的智能产线构建方法[J]. 新型工业化, 2024, 14(01): 30-39.

[21] 经济复苏的中坚力量——《2022中国数字经济企业发展报告》摘编[J]. 企业管理, 2023, (12): 37-44.

[22] 夏程远. S公司车间数字化管理优化研究[D]. 青岛：青岛大学, 2023.

[23] 张弦, 刘京青. 中国铝工业“不灭的火炬”[N]. 中国有色金属报, 2023-10-12(001).
[24] 李剑峰. 油气工业数字化智能化发展趋势[J]. 石油科技论坛, 2023, 42(03): 10-21.
[25] 王海滨. 装配车间移动机器人路径规划与局部避障[D]. 成都：西南交通大学, 2023.
[26] 闫小恒. 工业互联网平台体系架构及核心技术[J]. 数字经济, 2023(04): 64-70.
[27] 李劼, 周中雨. 增资扩产跨国企业在华工厂大升级[N]. 南方日报, 2023-03-24(B01).
[28] 杨善林, 王建民, 侍乐媛, 等. 新一代信息技术环境下高端装备智能制造工程管理理论与方法[J]. 管理世界, 2023, 39(01): 177-190.
[29] 李轩, 郑练, 李济龙, 等. 黑灯工厂发展路径探究[J]. 新技术新工艺, 2022(12): 7-17.
[30] 张伦彦. 面向数字孪生的工业互联网平台构建技术研究[J]. 智能制造, 2022(06): 94-98.
[31] 李志强, 王莉. 智能工厂物流运营管理的切入点——“智能工厂物流构建”系列连载之五[J]. 物流技术与应用, 2022, 27(10): 210-217.
[32] 葛园. N公司铁区智慧化生产研究[D]. 南京：南京理工大学, 2022.
[33] 邱伏生, 宋海萍. 智能工厂物流信息平台构建方法——“智能工厂物流构建”系列连载之三[J]. 物流技术与应用, 2022, 27(08): 162-168.
[34] 尹琨. 为智能制造提供精准知识服务[N]. 中国新闻出版广电报, 2022-06-21(003).
[35] 孙永武. 基于物联网技术基础的智慧仓储系统建设与应用分析[J]. 数字通信世界, 2022(06): 147-149.
[36] 毕健有, 王文成, 王家旭. 5G技术在工业互联网中的应用研究[J]. 数字通信世界, 2022(06): 150-152.
[37] 郭丽霞, 梅清晨. 基于价值流分析的智能工厂规划设计方法研究[J]. 智能制造, 2022(03): 16-19.
[38] 数字化工厂总体设计与建设详细剖析（下篇）[J]. 今日制造与升级, 2022(06): 15-19.
[39] 韩耀鲁. 基于深度学习的产线工人生产操作识别系统关键技术研究[D]. 北京：北京交通大学, 2022.
[40] 常乐. TY公司智能制造软件营销策略研究[D]. 贵阳：贵州大学, 2022.
[41] 张永飞, 朱国良, 杜玉雪. 数字化车间标准化与规划实施[J]. 中国仪器仪表, 2022(05): 17-21.
[42] 亓晋, 王微, 陈孟玺, 等. 工业互联网的概念、体系架构及关键技术[J]. 物联网学报, 2022, 6(02): 38-49.
[43] 数字化工厂总体设计与建设详细剖析（上篇）[J]. 今日制造与升级, 2022(05): 17-19.
[44] 金琳. 宝钢股份：数字化转型实现“智慧制造”[J]. 上海国资, 2022(02): 91-92.
[45] 杨伊静. 抢占关键技术制高点力推制造业转型升级——工信部等多部门印发《“十四五”智能制造发展规划》[J]. 中国科技产业, 2022, (01): 40-41.
[46] 龚兴. 智能制造机器人医疗装备产业“十四五”规划发布[N]. 中国工业报, 2021-12-29(001).
[47] 胡明峰. 在这里，瞭望智能制造的“灯塔”[N]. 新华日报, 2021-12-06(A02).
[48] 中国宝武工业互联网人工智能中台首发[J]. 信息网络安全, 2021, 21(08): 99.
[49] 中国科学院信工所力推网络空间内置式主动防御技术的发展[J]. 信息网络安全, 2021, 21(08): 98.

[50] 尹峰."十四五"时期推动智能制造发展的思考及建议[J]. 机器人产业, 2021(04): 12-15.

[51] 周芹, 朱梧华, 赖影惠, 等. 汽车下缸体智能化装配工艺研究[J]. 机械制造, 2021, 59(07): 60-62.

[52] 王其朝, 金光淑, 李庆, 等. 工业边缘计算研究现状与展望[J]. 信息与控制, 2021, 50(03): 257-274.

[53] 王宝礼. C公司车间数字化管理优化研究[D]. 长春: 吉林大学, 2021.

[54] 武迪, 王妮, 张文雯. 基于MES系统的智能工厂研究应用[J]. 中国设备工程, 2021(06): 26-27.

[55] 李彦瑞, 杨春节, 张瀚文, 等. 流程工业数字孪生关键技术探讨[J]. 自动化学报, 2021, 47(03): 501-514.

[56] 敖霖. 工业互联网是如何发展而来的? [J]. 走向世界, 2020(33): 8-11.

[57] 若冬. 2020智能供应链企业100强[J]. 互联网周刊, 2020(13): 39-43+38.

[58] 高京, 王德成, 张苹, 等. 智能工厂信息化标准体系架构研究[J]. 制造业自动化, 2020, 42(05): 111-114+117.

[59] 郭宇, 王海刚. 我国智能制造技术在工厂应用与思考[J]. 中外企业家, 2020(01): 76-77.

[60] 金光. 毛纺智能工厂系统集成设计[J]. 毛纺科技, 2019, 47(12): 9-14.

[61] 汪烁. 公共数据字典应用于智能制造的需求分析和标准化思路[J]. 标准科学, 2019(12): 55-59.

[62] 徐洁. 基于MOM的民机制造现场物流运行管理方案研究[J]. 装备制造技术, 2019(11): 156-157.

[63] 赵聪, 王秋生, 陈正学, 等. 浅论智能制造助力企业提质增效[C]// 全国地方机械工程学会, 河南省机械工程学会(承办). 2019年第九届全国地方机械工程学会学术年会论文集. 河南省机械设计研究院有限公司, 2019: 87-89.

[64] 邱伏生. 智能供应链在智能制造领域的应用(下)[J]. 物流技术与应用, 2019, 24(10): 160-167.

[65] 邱伏生. 智能供应链在智能制造领域的应用(上)[J]. 物流技术与应用, 2019, 24(09): 110-116.

[66] 温立国, 韩庆华. 润滑油生产如何在"工业4. 0"环境做到智能制造[J]. 润滑油, 2019, 34(02): 1-5.

[67] 郑文霞, 李咏伟. 构建仪器设备智慧管理平台提升生产现场质量管理水平[J]. 质量与可靠性, 2018(05): 41-45.

[68] 刘进, 关俊涛, 张新生, 等. 虚拟工厂在智能工厂全生命周期中的应用综述[J]. 成组技术与生产现代化, 2018, 35(01): 20-26.

[69] 王京真, 于学颖, 杨绍宇, 等. 五大发展理念之创新在海洋科学教育中的核心地位[J]. 广东化工, 2017, 44(22): 185-186.

[70] 程亚晶. 基于物联网技术的无人值守智能仓库的建立[J]. 中国管理信息化, 2017, 20(21): 189-190.

[71] 吴新年. 欠发达地区制造业智能化升级改造对策研究[J]. 开发研究, 2017(05): 104-110.

[72] 胡旭东, 沈春娅, 彭来湖, 等. 针织装备的智能制造及互联互通标准验证[J]. 纺织学报, 2017, 38(10): 172-176.

[73] 王爱民, 葛艳, 刘志兵, 等. 面向机械制造专业智能制造导向的制造系统工程课程改革[J]. 科教发展评论, 2017(00): 82-89.

[74] 李大鹏，郭建超，李鹏，等. 基于PLM系统的研发项目管理平台构建研究[J]. 中国管理信息化，2016, 19(09): 67-71.

[75] 杨春立. 我国智能工厂发展趋势分析[J]. 中国工业评论，2016(01): 56-63.

[76] 施菁菁. 基于ERP的电力物资仓储管理系统研究[D]. 北京：华北电力大学，2015.

[77] 滕海山. ERP在电器成套设备制造中的应用研究与实践[J]. 广东科技，2014, 23(20): 165-166.

[78] 张庆，代小红. 推进ERP应用提升企业信息化管理——论ERP管理在中石化重庆公司的应用[J]. 重庆工商大学学报(自然科学版), 2014, 31(08): 83-87.

[79] 潘东红. 云制造环境下制造资源接入的研究[D]. 乌鲁木齐：新疆大学，2014.

[80] 彭辰雨. 基于SaaS模式的工程机械销售代理公司CRM系统的设计与实现[D]. 上海：复旦大学，2011.

[81] 郭小溪. RFID室内仓储车辆的智能导航与调度技术[D]. 杭州：浙江大学，2011.

[82] 董焱. 面向中小企业的虚拟化解决方案[J]. 科技创新导报，2011(02): 192-193.

[83] 王继业. 论绿色电力IT及其应用[J]. 电力信息化，2008, 6(09): 20-23.

[84] 宋恩华，李东方，宋明旺. 青岛卷烟厂的仓储管理信息系统[J]. 物流技术与应用，2008(02): 82-85.